AF238234

Luces, luces, luces

Septiembre

de

EVELYNE DE LA CHENELIÈRE

Edición y traducción de
Rosa de Diego

PUBLICACIONES DE LA ASOCIACIÓN DE DIRECTORES
DE ESCENA DE ESPAÑA

PUBLICACIONES DE LA ASOCIACIÓN
DE DIRECTORES DE ESCENA DE ESPAÑA

Dirección editorial: Carlos Rodríguez Alonso y Manuel F. Vieites

Títulos originales: *Lumières, lumières, lumières* y *Septembre*
© Evelyne de la Chenelière
© De las imágenes: Caroline Laberge (pags. 44 y 46) y
            Marlène Gélineau Payette (pags. 90 y 118)
© Del prólogo y las traducciones: Rosa de Diego
© de la presente edición:
        Asociación de Directores de Escena de España

Primera edición: Marzo, 2024

Publicaciones de la ADE
Serie: Literatura Dramática, nº 122

C/ San Bernardo, 20, 1º izqda. 28015 Madrid (España)
http://www.adeteatro.com   redaccion@adeteatro.com

Diseño de la colección: Tomás Adrián.
ISBN: 978-84-17189-58-7
Depósito legal: M-7588-2024
Imprime: Safekat S.L.
Impreso en España

Luces, luces, luces

Septiembre

de

EVELYNE DE LA CHENELIÈRE

Edición y traducción de
Rosa de Diego

Introducción

Por Rosa de Diego

El Teatro experimental en Quebec

Evelyne de la Chenelière se dedica al teatro y a la escritura desde hace más de veinte años. Su familia teatral procede del Nouveau Théâtre Expérimental, donde pudo desarrollar su formación gracias a su mentor, Jean-Pierre Ronfard[1], fallecido en el año 2003, cuya influencia ha sido decisiva en su extensa obra.

El Théâtre Expérimental de Montréal (TEM) fue fundado por Jean-Pierre Ronfard, Pol Pelletier y Robert Gravel en 1974. Se trata de una compañía que se interroga sobre el arte teatral explorando sus diferentes caminos, la palabra y la imagen. Inspirado en el concepto y en los planteamientos de la medicina experimental de Claude Bernard[2], este teatro busca la experimentación de todo lo que puede ser creado en el escenario, con el fin de abordar las posibilidades y los límites de la creación teatral. En 1979, se produce una escisión en el *TEM*, más por razones ideológicas que artísticas. Por

---

[1] Jean-Pierre Ronfard fue un hombre de teatro: director, autor dramático, actor, profesor, ensayista, filólogo y traductor, ha sido una figura fundamental en la escena y la práctica teatral quebequense.

[2] *L'Introduction à l'étude de la médecine expérimentale* (1865) de Claude Bernard se encuentra igualmente en la base del Naturalismo de Zola. Léase al respecto mi Introducción a *El Naturalismo en el teatro* de Émile Zola, Publicaciones de la ADE, serie Debate, n° 16, 2011.

un lado, Ronfard dirigirá el Nouveau Théâtre Expérimental (NTE), y por otro, Pol Pelletier, que considera que existe un imaginario propiamente femenino, crea el Théâtre Expérimental des Femmes (TEF). Las creaciones colectivas del TEF proponen obras de contenido metafórico, simbólico, con mucha carga visual, que exigen un alto grado de participación del espectador. El teatro experimental de las mujeres cuestiona ciertos valores tradicionales, sobre todo familiares y religiosos, y va a encontrar eco en los grandes teatros institucionales.

En cuanto a las producciones de Ronfard y el NTE, cabe destacarse el ciclo *Vie et mort du roi boiteux (Vida y muerte del rey cojo)*. Se trata de un proyecto colectivo, plural, experimental, que tiene como punto de partida un esquema inicial basado en textos de Shakespeare, con muchas referencias variadas y con un trabajo importante sobre el cuerpo y la imagen. El estreno del ciclo integral tuvo lugar en 1982, en Montreal, con una duración de quince horas. Ronfard construye un espectáculo transcultural, metateatral e intertextual, que incorpora la literatura occidental y las tradiciones de Oriente Medio, con alusiones a obras de autores muy variados como Esquilo, Sófocles, Racine, Günter Grass, García Márquez, de Victor-Lévy Beaulieu, Michel Tremblay o Turc Kémal. El resultado es un texto subversivo, paródico, fantástico, carnavalesco, que recorre todos los espacios y culturas, y transgrede cualquier convención teatral, imponiendo un nuevo canon y sistema teatral.

El NTE cuenta con más de cien producciones originales. Su objetivo no sólo es hacer un teatro de investigación y de creación colectiva, sino también realizarlo de una manera original, cuestionando si cesar los postulados del gesto teatral. Se caracteriza por ser un teatro de experiencias inéditas, provocando nuevas relaciones entre el público y el escenario. Además, busca modos originales de expresar viejos temas y desea reavivar formas de representación desaparecidas para reflexionar así sobre la modernidad y su efecto en el teatro. El NTE afina su objetivo y misión: revisar los códigos y las convenciones de la práctica teatral, sus conceptos establecidos, para cuestionarlos a través de la experimentación y desde una creación colectiva.

Si Claude Bernard consideraba que la ablación de un órgano en un cuerpo permitía estudiar su actividad en ese cuerpo, Ronfard somete al teatro a prácticas análogas, suprimiendo o aislando algún elemento del teatro para calibrar su importancia y su valor. Es evidente que corre el riesgo de llegar a una creación excesivamente pura, pero lo que realmente importa en sus espectáculos es el propio trabajo de experimentación. El NTE aspira a recuperar la esencia del teatro como fiesta dionisiaca, sin otra ambición que la propia creación. La dinámica creadora del NTE reclama libertad, atrevimiento, diversión y experimentación. Su objetivo primordial es la búsqueda constante de una estética innovadora que privilegie un ambiente frente a un decorado, el disfraz y no el vestuario, el acontecimiento más que la propia obra[3]. Además, se trata de una compañía que se basa en la autogestión, de modo que todos los participantes en la

---

[3] Jean-Pierre Ronfard, *Cahiers de théâtre Jeu*, no. 52, septiembre 1989, p. 113-115.

obra comparten la responsabilidad y la toma de decisiones.

El NTE es una de las compañías fundadoras del Teatro del Espace Libre, un original espacio de representación, lúdico, de creación y de difusión teatral imprescindible en Montreal, creado en 1981, que favorece la experimentación y la investigación teatrales mediante una nueva interpretación del texto, del cuerpo, de la voz, del sonido y del espacio. Además, en el año 2003, por un lado, muere Jean-Pierre Ronfard y por otro, Daniel Brière se ocupa de la dirección artística del NTE. El encuentro de Daniel Brière con Evelyne de la Chenelière será decisivo: la obra Henri & Margaux, creada en 2002 en el *NTE*, será el preludio de numerosas futuras colaboraciones. Por otra parte, 8 años después, Evelyne de la Chenelière y Daniel Brière reflexionan juntos sobre el legado de Ronfard en un interesante y original trabajo colectivo y experimental, una suerte de homenaje al maestro desaparecido, *Ronfard nu devant son miroir*. Esta obra es un ejemplo de la manera de operar en el *NTE*. Se trata de un laboratorio de dramaturgia cuyo origen es un documento verdadero, una parte del mensaje que Jean-Pierre Ronfard había dejado en un contestador telefónico, que queda interrumpido, y en el que hablaba sobre el arte, el teatro y la libertad. Este mensaje toma el valor de un testamento, de una herencia, de modo que es un texto fundador, pretexto para un nuevo trabajo experimental. La obra de Daniel Brière y Evelyne de la Chenelière se articula en torno a este mensaje, incluyendo tres cortometrajes y una serie de cuadros, en los que van entresacando los principales temas de aquel mensaje y se va creando una fantasmagoría cuyo leitmotiv es la libertad, libertad como fundamento del teatro, como búsqueda individual y colectiva y como criterio de belleza[4].

Evelyne de la Chenelière

Dentro del contexto de este teatro experimental de Quebec, Evelyne de la Chenelière es sin duda una de las figuras más relevantes y sugerentes. Escritora de teatro, actriz, directora, novelista, su actividad es incesante, no solo en Canadá sino también en el extranjero. Evelyne de la Chenelière, siguiendo las huellas del NTE, aborda también la escritura dramática como un laboratorio de investigación, donde va surgiendo un texto escrito, pretexto para una obra que llegará a los escenarios. A lo largo de su trayectoria, ha desarrollado dos tipos de trabajos dramatúrgicos. Uno que se inscribe nítidamente en la senda de las creaciones del Nouveau Théâtre Expérimental de Montreal, en colaboración con Alice Ronfard, la hija de Jean-Pierre Ronfard[5], o con el ya citado director Daniel Brière, con quien trabaja regularmente, cómplice en la escritura y en la dirección

---

[4] He analizado esta obra en el capítulo "Héritage et rénovation du Nouveau théâtre expérimental de Montréal. *Ronfard nu devant son miroir*", dentro del volumen colectivo *Mémoires, traces et archives en création dans les arts de la scène* dirigido por Sophie Lucet y Sophie Proust y publicado por Presses Universitaires de Rennes, en 2017.

[5] Ha dirigido más de 30 obras, algunas de autores ya clásicos (Molière, Rostand, Marivaux, Schiller, Claudel), y otras de contemporáneos (Gombrowicz, Koltès, Vinaver), o de autores de Quebec (Chaurette, Garneau, Dubois). Ha dirigido algunas obras escritas por Evelyne de la Chenelière, como *Désordre public* (2006), *Les pieds des anges* (2009) y *L'imposture* en 2009.

escénica en algunas obras que, en muchos casos también interpretan. Así han estrenado *Henri et Margaux* (2002), *Nicht retour, Mademoiselle* (2004), *Désordre public* (2006) y *Le plan américain* (2008) en el ya citado Espace Libre de Montreal.

Las obras escritas en colaboración inspeccionan diversas formas de palabra, favorecen la experimentación, subrayan la teatralidad y el artificio del teatro y, en definitiva, son lúdicas. Por ejemplo, en *Le plan américain*, una obra que explora el modelo de familia ideal en la sociedad americana, una misma escena aparece y está representada desde diferentes puntos de vista, cambiando a los personajes, lo que en ocasiones provoca efectos satíricos, cómicos, y desde luego críticos.

En este tipo de trabajo dramatúrgico pueden destacarse los siguientes aspectos:

- El espacio se convierte en un elemento fundamental del objeto teatral: se analiza cómo sentar al público, cómo diseñar las paredes o el techo, e incluso se planifican cuestiones referentes a la calle y al barrio.

- Existe una reflexión metódica y justificada sobre lo que es propiamente teatral y lo que no lo es.

- Hay una búsqueda constante sobre cuestiones insólitas, es decir, por temas nuevos.

- Algunos objetivos son sin embargo recurrentes: libertad, atrevimiento, risa, experimentación, provocación, transversalidad.

La otra vertiente de la escritura dramatúrgica de Evelyne de la Chenelière tiene como resultado un teatro más intimista y estrictamente personal, con obras como *Des fraises en janvier* (1999)[6], *Au bout du fil* (2003), *Aphrodite en 04* (2004)[7], *L'Héritage de Darwin* (2005), *Bashir Lazhar* (2007), que fue conocida por el gran público gracias a la versión cinematográfica realizada por Philippe Falardeau bajo el título de *Monsieur Lazhar (El señor Lazhar)*, nominada para el Oscar a la mejor película extranjera en 2012[8], o *Les pieds des anges* (2009)[9]. Además, en el 2011, la autora ha publicado su primera novela, *La concordance des temps*.

Todas estas obras de teatro, traducidas y llevadas a escena tanto en Quebec como en muchos otros lugares del mundo, son también obras literarias, independientes y autónomas, que reflexionan sobre la lengua como condicionamiento de la expresión y del pensamiento. La escritura de Evelyne de la Chenelière desborda emoción, intimidad, humor, y reflexiona sobre la vida y el sufrimiento, sobre la mujer y la pareja, la familia, los hijos y la educación, las relaciones entre la realidad y la ficción y sobre la propia escritura. Siempre hay, en defi-

---

[6] Esta obra obtuvo el galardón "Masque du texte original" concedido por la Academia del teatro de Quebec. Ha sido traducida a numerosas lenguas.

[7] Se estrenó en 2004 en un antiguo cuartel que se convertirá después en el teatro del Espace Go, y dos años más tarde es objeto de una nueva versión titulada *Désordre public*. También recibió el premio del Gobernador general en 2006.

[8] He estudiado esta obra y su trasvase al cine en el artículo titulado "Évelyne de la Chenelière ou La Somme des autres". *Pluri-Culture et Écrits migratoires. Série Monographique en Sciences Humaines*, 17. Universidad Laurentienne, 2014.

[9] He traducido *Les pieds des anges*, y ha sido publicado como "texto teatral" en *ADE-Teatro*, nº 140, 2012.

nitiva, una búsqueda identitaria. Los personajes de estas obras son humanos, vulnerables, verosímiles, seres con los que el espectador puede identificarse porque exponen los dramas existenciales cotidianos y contemporáneos. Aunque la autora, más que contar una historia, explora, analiza la vida y al individuo, tal y como lo sugieren estas palabras extraídas de su correspondencia:

> Tengo la sensación, cuando escribo, de colocarme a mí misma en situación de exilio, como si para escribir tuviera que ser *desplazada,* desubicada, una extraña hablando una lengua extranjera. El mundo me parece así extravagante, extraño y misterioso, a veces hostil y amenazador. Por ello intento reinventarlo. En un movimiento contrario, intento fundirme con el otro, con el extranjero, experimentando entonces una especie de similitud absoluta y transcendente en un ejercicio de compasión y reconocimiento indispensable para la identificación. Intento entonces *tomar* el dolor, el deseo, la soledad y los tormentos del otro *convirtiéndome* en el otro, escapando así a los límites de mi propia identidad y de mi experiencia personal. Reflejar esta tensión implica inevitablemente abordar, en el propio acto creador, la paradoja fundamental de nuestra relación con el otro[10].

Evelyne de la Chenelière es, sin duda, una de las figuras más significativas de la dramaturgia quebequense contemporánea.

---

[10] Traduzco algunos fragmentos del intercambio epistolar que he mantenido con ella.

El *Espace Go* y la residencia de artista

El teatro Espace Go es, desde 1979, uno de los lugares culturales más estimulantes de Montreal, una referencia teatral en la ciudad, un espacio de compromiso absoluto con la dramaturgia contemporánea. Desde hace más de 40 años, el Espace Go es un centro de creación, pero también una residencia en la que viven artistas que cuentan las metamorfosis de la sociedad en la que se encuentran. En el 2011, para impulsar y desarrollar la actividad artística del teatro Espace Go, su directora, Ginette Noiseux, puso en marcha el proyecto de "artista en residencia". Deseaba que la expresión "en residencia" se concretara poniendo a disposición del artista un espacio en las oficinas del teatro, para que, desde ese lugar, escribiera, soñara... Además, los otros miembros del equipo son un soporte y una ayuda para desarrollar sus proyectos durante las tres temporadas que dura esta residencia. Tras un primer ciclo en compañía de la actriz Sophie Cadieux, la directora artística Ginette Noiseux invitó, en el año 2014, a la autora y también actriz Evelyne de la Chenelière a ocupar el Espace Go en residencia durante 3 años.

> Nosotras nos apasionamos por nuevas formas de la escritura. Somos, para los artistas, un espacio de libertad; para el público, un lugar de descubrimientos y de sorpresas.
> La sala de teatro Espace Go es un lugar de palabras. Allí el autor es considerado como el primer artesano de la renovación de nuestro Arte. El lugar provoca la investigación de formas nuevas inspiradas por los textos, imaginadas por directores veteranos y creadores noveles. Nuestra sala de teatro se transforma. El encuentro actor/espectador se inventa para cada indivi-

15

duo, incluso para varios, y debe poder continuar arriesgándose en cada nueva creación. El tiempo de la representación vive una vida imaginaria, y al regresar a la "verdadera vida", nuestras miradas conservan esta apertura de espíritu adquirida en el encuentro. La escena se extiende al mundo[11]

Más allá de las creaciones que este proyecto inspira y genera, lo que destaca, en cada temporada, es la libertad de sus cuestionamientos, su práctica y su pasión, y esto, mediante la creación de objetos en el espacio, de performances y de la colaboración de otros artistas invitados.

Luces, luces, luces

Precisamente la escritura de *Lumières, lumières, lumières*[12] marca el inicio de la residencia artística de tres años de Evelyne de la Chenelière en el Espace Go de Montreal. Se trata de una obra de teatro escrita a partir de la novela de Virginia Woolf, *Al faro*, y que Denis Marleau llevó a escena en el otoño de 2014. El núcleo de esta residencia es una construcción de escritura que la artista despliega y exhibe en una pared del teatro durante los tres años, en un gesto que aborda sin cesar el teatro como arte vivo y piensa sobre su devenir. Evelyne de la Chenelière comprendió la oportunidad que se le brindaba para reflexionar sobre la escritura que, para ella, era siempre un comienzo, un principio, un regreso a los

---

[11] Intercambio epistolar entre Evelyne de la Chenelière y Alice Ronfard cedido por la autora. Todas las traducciones del francés son mías.

[12] *Septiembre* y *Luces, luces, luces* han sido publicados en un solo volumen en 2015, en Montréal, Éditions Théâtrales.

inicios. Presentó su proyecto de artista en residencia con estas palabras:

> Deseo desplegar un movimiento artístico amplio y lento. Deseo otorgar al término residencia un sentido literal, instalándome en el teatro como si este fuera una morada de escritura. Deseo desplazar el movimiento de la escritura, cambiar de eje y de perspectiva, para conquistar nuevas libertades. Deseo explorar las maneras de dar cuenta de la transformación, de la desaparición, de la progresión de la escritura, y hacer visibles las supresiones, las tachaduras, las correcciones, de esta escritura en movimiento. Deseo comprometerme con un movimiento cuyo significado exacto aún no lo conozco, y permanecer al acecho de la aparición de un sentido. Deseo escribir "con transparencia", sobre soportes visibles, sobredimensionados, para que el poema florezca en el edificio. Deseo manchar los lugares con palabras, dando así una dimensión sensible y material a la escritura. Deseo que lo escrito se convierta en un icono, y que las palabras remitan tanto a una imagen mental, como gráfica y acústica. Deseo que esta escritura, convertida en inscripción del lenguaje, ponga en relación la eternidad (trazos de la escritura) y el instante (movimiento de la escritura). Deseo que la escritura, convertida en grafía, esté en relación con el espacio, el tiempo y la duración. Deseo, en definitiva, resistir a la multitud de acontecimientos artísticos que exigen la promoción, la rentabilidad, el comentario, concentrándome en un único planteamiento evolutivo[13].

---

[13] Traduzco algunos fragmentos del intercambio epistolar que he mantenido con ella. Creo que ilustra su original punto de vista sobre la escritura teatral contemporánea.

Durante estos tres años, la autora ha reflexionado sobre lo que le inquieta, sobre lo que le estimula, sobre sus balbuceos, sobre lo que le impulsa a crear y a ofrecer una perspectiva personal, íntima y novedosa[14].

En la novela polifónica de Virginia Woolf, *Al faro* (*To the Lighthouse*) publicada en 1927, se cuenta la vida de la familia Ramsay, una familia refinada, durante unos días de vacaciones en su casa de verano al borde del mar escocés, entre 1910 y 1920, en compañía de varios invitados. Los hechos narrados en la primera parte de la novela, "La ventana", transcurren entre las horas del almuerzo y el final de la cena. Desde esta casa, se ve a lo lejos la luz de un faro, objeto de deseo para James, el pequeño de la familia. Por ello, el niño pregunta insistentemente "si mañana podrán ir en barco hacia el Faro". El padre afirma con tono autoritario que "mañana no hará bueno". Sabiendo que esta escapada es muy importante para su hijo, la señora Ramsay le confirma que "mañana no, pero sí podrán ir muy pronto, en cuanto haga bueno".

El conflicto de la excursión al faro, que se repite incesantemente, dejará al descubierto las diferencias entre los distintos protagonistas. Por una parte, el señor Ramsay, que es un famoso filósofo y escritor, egocéntrico, encerrado en su mundo, con sus miedos, inseguridades

---

[14] He dirigido y coordinado, junto con Hervé Guay, un dossier monográfico titulado, "El teatro y la ciudad" en la revista *ADE-Teatro*, en 2018, nº 169. Entre sus páginas figura la traducción de un texto que Evelyne de la Chenelière escribió durante esta residencia de artista, "Errancia y Temblores", en el que proponía una reflexión original sobre la escritura y la ciudad.

y obsesiones y, por otra, la señora Ramsay, una mujer sensible y abnegada que antepone la armonía de su familia, la felicidad de los suyos, frente a todo lo demás, incluso olvidándose de ella misma. El señor Ramsay se indigna con su esposa cuando le asegura al más pequeño de sus ocho hijos que será posible ir al faro, y lo hace principalmente para no defraudarle. Entre los invitados, destaca sin duda la presencia de la pintora Lily Briscoe, una joven algo insegura que quiere pintar un retrato de la señora Ramsay y de su hijo James. Pero las afirmaciones de otro de los huéspedes, Charles Tansley, que dice que las mujeres son incapaces de pintar o escribir, van a provocar aún más inseguridad a la joven artista.

La segunda parte de la novela, "El tiempo pasa", sirve para plantear un salto de diez años en el tiempo, marcado por la guerra que deja sus huellas en la muerte de algunos de los personajes, como la de uno de los hijos de la familia, Andrew, o la de la propia señora Ramsay. Tras estas desgracias, el señor Ramsay queda desorientado, al haber perdido el apoyo constante y abnegado de su esposa, animándole siempre en sus momentos de debilidad, miedo y angustia en relación con su obra filosófica.

En la tercera y última parte, «El faro», varios personajes regresan a esta casa de veraneo diez años después de los acontecimientos relatados en la primera parte. Finalmente, el señor Ramsay lleva a sus hijos James y Camilla, "Cam", al faro. También la pintora intentará terminar su obra inacabada, dando vida al paisaje de antaño y recordará a la señora Ramsay, por un lado, cuando ella le animaba a pintar y, por otro lado, mientras ejercía un tremendo control sobre ella y su trabajo. Al finalizar el cuadro, Lily queda satisfecha, y se da cuenta de que lo importante es la propia ejecución de su imaginario, la propia obra de arte, y no tanto esa obsesión de inmortalidad y de dejar algún tipo de legado en su obra (frente al señor Ramsay a quien sí le obsesiona esta cuestión).

En esta novela de Virginia Woolf, destaca sin duda el "flujo de la conciencia" en unos monólogos caprichosos y desordenados donde van avanzando los pensamientos, sentimientos y obsesiones más profundos de los personajes, y van esparciendo, con una multiplicidad de miradas y voces, diferentes percepciones de la realidad. Esta introspección de la conciencia diverga sin diálogos, sin acción, sin historia. En la novela, Woolf reflexiona además sobre muchos temas como la vida de un país en medio de la guerra, las relaciones familiares, el paso del tiempo, el arte y la estética o la situación de la mujer en una sociedad de hombres.

Evelyne de la Chenelière deseaba desde hacía tiempo dialogar con la novela de Virginia Woolf y transportar el mundo de la novela a su universo dramático[15]. Para la dramaturga, se trata de una práctica difícil de definir: "A veces las fuentes son muy similares en los distintos creadores, las mismas preocupaciones y las mismas obsesiones vienen a visitar a los distintos artistas y en dife-

---

[15] Esta experiencia ya la había vivido cuando reescribió la novela de 1978 de Marie Cardinal, *Une vie pour deux*, pretexto de la obra de teatro *La chair et autres fragments de l'amour*, en 2012.

rentes épocas y me gusta reconocer este fenómeno. Es además una manera de celebrar el impacto de ciertas obras, de constatar su pervivencia y lo que queda de ellas.... Se trata más de una "metabolización" que, de una adaptación, retomando la expresión de Stéphanie Jasmin"[16]. Durante su residencia de artista en el Espace Go la autora ha escrito este texto teatral como una revisión, una indagación de la novela de Virginia Woolf y, a la vez, una reflexión sobre la escritura teatral.

En esta obra, *Luces, Luces, Luces,* la autora investiga sobre la intimidad, los pensamientos y las voces de los personajes de la novela dando vida teatral a dos de sus protagonistas: la señora Ramsay, que busca la felicidad en el matrimonio y la familia, preocupada por sus hijos y por su marido, ejerciendo impecablemente su papel de madre y ama de casa, y Lily Briscoe, orgullosa de su independencia como mujer y como pintora. Dos personajes femeninos con dos planteamientos existenciales radicalmente opuestos que, sin embargo, comparten la búsqueda de la belleza y de un sentido en sus vidas, mientras reflexionan sobre su experiencia de lo real y su percepción del tiempo.

La Señora Ramsay es una madre cariñosa con sus ocho hijos, comprensiva con su esposo, y una excelente anfitriona con sus invitados. Entendemos que nada puede alterar la armonía que crea a su alrededor y que mantiene con obsesión y perfección. Sin embargo, Lily Briscoe ha hecho una elección existencial poco convencional en la época y además está muy orgullosa de su

---

[16] Correspondencia personal con la autora.

independencia como artista. Son en realidad las dos caras de una misma moneda, tanto en sus aspiraciones personales como en su forma de aprehender lo real: "un alter ego de Virginia Woolf, dividida en dos personas que luchan cada una a su manera", en palabras de la autora.

La elección de colocar a estas dos mujeres, tanto en paralelo como en oposición, provoca un discurso completamente nuevo e intimista sobre la mujer y sobre la percepción del tiempo, sobre la realidad o la existencia humana. Ambas, rodeadas de hombres, tienen que mirar, analizar, acompañar, servir o interactuar con un hombre. Y ellos, los hombres, omnipresentes en la obra a pesar de su ausencia física, habitan de alguna forma en el texto y en el escenario, y son el motor de los pensamientos y sentimientos tanto de la señora Ramsay como de Lily. "Representan una dualidad entre una visión concreta de la vida (la señora Ramsay como ama de casa, esposa y madre) y una elección artística (Lily, la pintora en busca de la independencia). Pero la obra es mucho más compleja porque estas dos mujeres no son dos arquetipos tan nítidamente definidos y delimitados, cada una de ellas es también el espejo de la otra en su forma de querer dominar la realidad"[17]. Evelyne de la Chenelière da la palabra a estas dos mujeres diferentes, enfrentadas, para que puedan decir lo indecible, esos mezquinos secretos que suelen quedar confinados en el fondo de nuestra alma. *Gracias a Dios, nadie puede verdaderamente saber lo que pienso, nadie puede ver en mi interior,* repi-

---

[17] Ibídem.

ten las protagonistas varias veces con alivio, después de haber proclamado en voz bien alta odios, terrores, miedos y pasiones.

Al faro es una novela marcada por las nociones de ausencia y memoria y, por ello, evidentemente va a ser el pretexto de una obra teatral que aborda el problema de la temporalidad. La autora no busca ninguna fidelidad a la novela, sino que recompone con libertad los tiempos del relato de la novela para desatar sus hilos, provocando una reflexión repleta de poesía.

> La cuestión del tiempo fue fundamental para el trabajo. Por supuesto, me estoy refiriendo a la idea de la búsqueda del tiempo perdido. Pero también quería que estos personajes "aprovecharan el tiempo" variando los tiempos de conjugación para intentar señalar su forma de percibir la realidad. La primera parte tiene lugar en presente de indicativo, la segunda en futuro y la última en condicional. La noción de tiempo, por lo tanto, no es solo filosófica, está encarnada por la forma misma del discurso, que permite a los personajes manipular conscientemente la temporalidad[18].

La obra se desarrolla en tres partes: "La ventana (el presente de indicativo)", "La comida (el futuro perfecto), "El Faro (el condicional)": "*la mesa es*", "*la mesa habrá sido*", "*la mesa sería*". El primer tiempo encapsula la situación actual, el momento de la enunciación, el segundo abre una ventana sobre el personaje de la señora Ramsay, el tercero se centra en Lily Briscoe, testigo de la existencia de la señora Ramsay. Los personajes lite-

---

[18] Ibídem.

ralmente van a conjugar el tiempo de diferente manera para que el lenguaje pueda representar y expresar su propia verdad, su realidad personal. Las superposiciones temporales de la lengua son el elemento condicionante de la expresión del pensamiento y revelan la tremenda fragilidad del mundo. Las dos mujeres no se contentan con asumir lo real, quieren detener la realidad para asegurar su propia percepción, bien a través del punto de vista orgulloso del ama de casa perfecta, bien a través de la mirada de la pintora. La existencia trágica de estas mujeres tiene también una vertiente humorística, como esa vanidad ridícula de la madre de familia que quiere controlar el mundo y los destinos de quienes la rodean con sus gestos cariñosos.

Evelyne de la Chenelière juega con el lenguaje para fomentar la reflexión sobre la permanencia de las cosas. Un niño muere destrozado por la guerra y vive en la memoria de una madre. Un hombre no ve nada, pero escribe para perpetuar su existencia y volverse inmortal. Y la guerra se va borrando silenciosamente en medio de esa naturaleza que resiste, más fuerte que nada, y que contiene a la vez el amplio y variado espectáculo de la estupidez humana.

El tema del paseo por el faro es un leitmotiv, una metáfora de un deseo inalcanzable. Fue una promesa hecha al pequeño James hace diez años, pero que no se pudo cumplir porque no hizo buen tiempo. La excursión se producirá al final de la obra, aunque ya es un poco tarde. Porque el paso del tiempo lo ha cambiado todo y nada es como antes: la señora Ramsay ha desaparecido, el pequeño James ha crecido y su hermano

Andrew también ha muerto en la guerra. James por fin conseguiría ver el Faro de cerca y pensaría: *¿No era más que esto?* Por mucho que mirara el Faro con todas sus fuerzas, no vería más que una torre estropeada, plantada encima de una roca rugosa. Se diría, *¿No era más que esto, la inagotable claridad de mi infancia?*

El director Denis Marleau, con la colaboración artística de Stéphanie Jasmin, junto con las actrices Anne-Marie Cadieux, como la señora Ramsay, y Evelyne Rompré, en el papel de Lily, fueron los encargados de materializar esta deambulación espacio-temporal en el escenario del Espace Go, en el 2014[19]. La señora Ramsay, la madre de familia, es un personaje sublime que seduce con la riqueza de sus reflexiones; por una parte, dice ser consciente del papel social que debe desempeñar, pero se percibe, en la sutil interpretación de la actriz, todo el peso de su ineludible tristeza. Sus destellos de lucidez seducen al espectador y también le sacuden, porque en estos estallidos se encuentran latentes los ecos de un discurso atemporal, presente en otros contextos y momentos. A su lado, la pintora encarna la fuerza bruta de la artista, pero su mirada revela una profunda inseguridad. Finalmente, el elemento fundamental de esta puesta en escena consiste en la escenografía, con una proyección digital de movimientos de olas, rocas y cielos grises, envolviendo a los personajes de tal manera que se resalta su estado de vulnerabilidad. Este movimiento continuo detrás de escena actúa como el

---

[19] Émilie Pilote, "*Lumières, Lumières, Lumières* à l'Espace Go: La permanence de l'homme", *Les Méconnus*, 14 noviembre, 2014.

tic-tac de un reloj y recuerda que, a pesar de la guerra, a pesar de los dolores, la vida sigue su curso.

Algunas críticas tras el estreno de la obra:

"Seamos claros, es una auténtica perla que brilla en estos momentos en el escenario del *Espace Go* [...] Observamos con fascinación el diálogo que se establece entre los cuerpos, el dispositivo escénico [...], una magnífica geometría reflectante, y las proyecciones de video, un ballet de olas espumosas [...] Cuando termina, uno solo tiene un deseo: que comience de nuevo". Christian Saint-Pierre, *Le Devoir*.

"Se trata de un fabuloso primer encuentro entre Evelyne de la Chenelière, Denis Marleau y Virginia Woolf. Un encuentro perfecto entre estos tres artistas. Hay luz en esta obra, las palabras son liberadoras y las actrices tienen mucha fuerza y aplomo. No salimos de allí deprimidos, ¡al contrario!" Stéphane Leclair, *Radio Canada*.

"Denis Marleau ha extraído de este poema en prosa una producción justa y fluida que ha musicalizado con un video en el que se proyectan incesantes ondas en el fondo [...], con un dispositivo hecho de varillas de metal [...] que permiten cambios rápidos de plano, al servicio de un bello encuentro impresionista que se consigue muy rara vez en nuestros escenarios". Gilbert David, *Spiral*.

"¡Luminoso! [...] Denis Marleau, que nos tiene acostumbrados a una formidable precisión en la dirección de actores y a una gran capacidad para resaltar el corazón del texto [...] no nos defrauda. Su puesta en escena explora de manera brillante las tensiones y puntos de conexión que existen entre las dos mujeres. En cuanto a las actrices, su actuación es impecable, y reflejan con gran delicadeza las emociones a veces tumultuosas que habitan en sus personajes". Aurélie Olivier, *Jeu*.

"Evelyne de la Chenelière logra de manera brillante sacar a los personajes novelescos de Woolf de su marco original para darles una nueva vida, en el escenario, en la continuación y el espíritu de la autora. La escenografía, además, es magnífica. Las proyecciones de video de escenas al aire libre, rocas, promontorios y movimientos de olas sirven como telón de fondo. A medida que se proyectan en espejos, los personajes se van integrando en la imagen. El efecto es sorprendente". Jean Siag, *La Presse*.

"La puesta en escena de Denis Marleau consigue en todos los sentidos plasmar el diálogo interior de estas mujeres a través de los juegos de espejos que nos hacen ver a los personajes desde varios ángulos, mostrando las múltiples facetas que pueden construir la interioridad de una misma persona. [...] *Luces, luces, luces* es una de esas obras que, a pesar de su breve formato de sesenta minutos, sigue viviendo en nosotros después de los aplausos, atestiguando la gran habilidad que posee la escritura de Evelyne de la Chenelière, para evocar imágenes memorables". Geneviève Germain, *Mon Théâtre*.

"Dirigida por Denis Marleau [...] Con el sonido de las olas de fondo, una gran veranda donde el mar y los propios personajes se reflejan en un fascinante juego de espejos. Francamente magnífica. El espectador siente que está en una película... o en un sueño". Michael Thornton, *Coup de Pouce*.

"Con la ayuda de una soberbia puesta en escena de Denis Marleau, la autora ofrece un texto conmovedor y complejo que no da tregua durante la hora que dura la representación. Si Évelyne Rompré ofrece una actuación particularmente interesante, es imposible ignorar el impecable trabajo de Anne-Marie Cadieux". Hugo Prévost, *La Pieuvre*.

"Es necesario ver con qué facilidad el director Denis Marleau y la autora Evelyne de la Chenelière han representado en la obra el tema del tiempo. Anne-Marie Cadieux, como la señora Ramsay, nos conmueve cuando se entera de la muerte en la guerra de su hijo Andrew, mientras que Lily Briscoe, interpretada por una fuerte y delicada Évelyne Rompré, casi lleva el peso de la historia sobre sus hombros, en particular al revelar con emoción a la señora Ramsay los estragos de la guerra, durante una hermosa escena entre los dos intérpretes". Alice Côté Dupuis, *La Bible Urbaine*.

"La dirección de Denis Marleau está perfectamente regulada y sincronizada, para que el trabajo de las actrices no parezca artificial. *Luces, Luces, luces* es un magnífico cuadro sobre el que se depositan pequeños fragmentos deformados y traslúcidos de la existencia". Émilie Pilote, *Les Méconnus*.

"El dúo De la Chenelière-Marleau es definitivamente un ganador. Las palabras se injertan al movimiento para formar en la mente del espectador un relato y con emociones fuertes". Elizabeth Pouliot, *Bazoom*.

Septiembre

Me pregunto con frecuencia sobre la integridad de nuestro imaginario. Todos estamos impregnados con

los mismos acontecimientos, las mismas imágenes...
Creo que esta obra es una metáfora fina, sensible y vibrante de la condición humana, de la infancia, de la maternidad[20].

En efecto, *Septiembre* es un texto onírico en el que escuchamos el monólogo entrecortado de una madre que tiene que ir a buscar a su hija enferma al colegio. Deja volar su imaginación sin control y va encabalgando historias y personajes para preguntarse sobre los códigos de la representación y hacer sensible, visible, todo ese universo íntimo, intimista, que procede de su imaginario, del recuerdo o de las obsesiones.

Hoy, 12 de septiembre, una mujer está trabajando. *Hoy, 12 de septiembre*, una llamada telefónica del colegio interrumpe su trabajo: a su hija le duele la tripa; así que hay que ir a recogerla a la escuela. Enseguida comprendemos el peso y la inquietud de una madre abrumada, que desliza su discurso desde lo más interno y subjetivo, hasta una mirada que observa y analiza el microcosmos del patio, metáfora de la sociedad. *Hoy, 12 de septiembre*, a pesar del calor insoportable que hace en la ciudad, la mujer coge su coche, aparca delante del centro, y después se detiene un momento para contemplar a los niños mientras juegan en el patio de recreo. Observa a estos niños e imagina para ellos una vida, con placeres y desgracias, que van generando toda una ensoñación ambivalente en su imaginario.

---

[20] Correspondencia personal con la autora.

Esta cascada de pensamientos diseña una cartografía subterránea, escondida, profunda del universo de la infancia en el que se percibe sin duda un declive: injusticias, juegos de poder, abusos, sueños ingenuos, acosos, sufrimientos físicos, daños psicológicos. Los ojos de la mujer, de la madre, observan una realidad aparentemente sencilla y cotidiana, en la que se van superponiendo poco a poco varios y distintos escenarios posibles, con diferentes protagonistas, unos positivos, lúdicos, amables, pero otros negativos, mórbidos, desagradables.

Y, durante este monólogo poroso de la madre, van deambulando varios personajes con sus circunstancias, una cuidadora del patio neurótica e impertinente, un niño que sangra por la nariz y reclama a su madre, otro niño que se ata y desata sin parar los cordones de sus zapatos para permanecer solo y para no llamar la atención de los "jefecillos", esperando con impaciencia y con angustia que termine el recreo y pueda volver tranquilo a clase, una madre loca y desequilibrada que reclama la atención de una hija avergonzada, Mía, la niña rubia que hace gimnasia y su amiga que tiene un solo ojo, o ese hombre sospechoso que deambula por los alrededores de la escuela... Una serie de personajes-arquetipo que se encuentran en el patio de la escuela o cercanos a ella, y que la protagonista compara con esas figuritas con las que ella jugaba durante su infancia con las que componía un mundo de perfección.

Todo parece ingenuo y a la vez resulta conmovedor. Pero, poco a poco, casi silenciosamente, se va deslizando cierta inquietud hasta que se produce un punto de inflexión, de manera que el testimonio como observadora de esta madre desde la valla del patio de la escuela se vuelve incómodo. Y surge la locura humana. Porque la imaginación de esta mujer sigue girando, ensoñando y, en esta intensa actividad fantasmagórica, la madre va incluso a entrever la presencia de un asesino que puede transformar esta aparente apacible jornada en una carnicería. Esta mujer, que como madre tiene miedo a equivocarse, está sin duda obsesionada por el porvenir de su hija y por el de todos los niños, y da rienda suelta a sus obsesiones y sus miedos, a su propio caos interior.

Septiembre es una dramaturgia de historias encadenadas de una manera contemplativa, sutil, casi imprevista. Se suceden pequeñas y grandes tragedias que son un desfile de los miedos adultos proyectados sobre nuestros hijos. El texto termina en efecto con la descripción de una inquietante matanza escolar a plena luz del día, algo que no resulta insólito en la sociedad americana contemporánea. Pero esta escena se produce a modo de desenlace tras una lenta y paciente construcción de un contexto. Porque en todas las historias que han ido precediendo a esta escena final de la carnicería, el patio de la escuela ha sido testigo de pequeñas alegrías, pero también y sobre todo de sus males y dolores: intimidación, soledad, amenazas y otras carencias emocionales. El patio del recreo es sin duda una metáfora del mundo de la infancia, de los sentimientos, preocupaciones y angustias de una madre y, sin duda, es una imagen de nuestra sociedad como un microcosmos dominado por relaciones de fuerza, donde el miedo, la vergüenza, la brutalidad, la violencia reinan a sus anchas.

La mirada inquieta y melancólica de Evelyne de la Chenelière llega de manera natural, inevitable, en un mundo complejo que la autora ha ido diseccionando lentamente y de manera alegórica: esas figurillas con las que la narradora jugaba cuando ella era pequeña representan con claridad a los niños y a una sociedad que sufre, pero que también resiste. La autora nos invita a una reflexión desde una perspectiva amplia y profunda, que va más allá del juicio sentencioso o de la emoción visceral.

> *...tendréis niños, y una noche de invierno volverán tarde, pensaréis que se han ahogado en la nieve, o han sido aplastados por la quitanieves, les llamaréis como locos, perdidos, desamparados, suplicantes, y de repente confiados, después surgirán del frío, temblorosos, calados, satisfechos, y por fin, convencidos por fin de vuestro profundo amor hacia ellos porque os habrán visto temer lo peor, sentirán un poco de piedad hacia vosotros, tan viejos ya, se caerán de sueño, con la mano en el pijama, o bien los brazos separados, como crucificados, y hablaréis de ellos hasta muy entrada la noche, de cómo son particularmente particulares, de cómo han escapado de la quitanieves y de tantos otros peligros, los niños, y de cómo pasa el tiempo y que no hay nada seguro y que la vida es una aventura, y todas esas cosas que os diréis a vosotros mismos por la noche cuando tengáis niños*[21].

Septiembre es un texto muy poético, pero, a la vez, con un contenido preciso, calibrado, definido desde el corazón de una madre que va destapando los entresijos y dificultades de la vida, a partir de muchas de sus turbaciones y miedos invisibles y silenciosos. Se trata de

---

[21] Septiembre, Epílogo.

una obra perfectamente estructurada, dividida en un prólogo, tres partes y un epílogo, a través de los cuales una mujer contempla el patio de la escuela bullicioso en el que estudia su hija y ello le sirve para ensoñar y expresar con delicadeza sus miedos y angustias, las obsesiones y terrores de una madre y también las relaciones con su hija, una relación siempre imperfecta y conmovedora, formada por altibajos, marcada notablemente por el sentimiento de torpeza, incompetencia e inseguridad de una madre que viene a recoger a su hija del colegio sin saber realmente cómo abordarla.

En este texto teatral que alterna distintos puntos de vista con absoluta naturalidad y fluidez, están presentes sin duda muchos temas recurrentes de la obra de Evelyne de la Chenelière: la situación de la mujer, la maternidad y la infancia, lo íntimo y su relación con lo social, el juego entre diferentes temporalidades y niveles de la realidad, una mirada lúcida sobre el mundo. Hay además un importante trabajo formal en cuanto que se cuestionan los códigos habituales de la representación porque se busca hacer perceptible, visible y palpable un imaginario y un mundo interior. Un trabajo que ya había realizado en otras obras anteriores como *Henri et Margaux*, *Le plan américain* o *Bashir Lazhar*.

Septiembre es un largo monólogo, una especie de monólogo agujereado, con una amplia variedad de tonos, donde una madre habla con distintos personajes a los que no se les ve ni se les oye, dando voz a todos esos personajes que son protagonistas de su ensoñación y su miedo. Y quizás esta madre también está hablando con el público, o con el lector, con ese destinatario a quien le tiende un espejo para verse reflejado, invitándole a sumergirse en su imaginario mientras observa cómo el patio de la escuela donde estudia su hija cobra vida durante el recreo.

Esta obra fue estrenada en septiembre del 2015, bajo la dirección de Daniel Brière e interpretada por la propia autora en el Espace Libre de Montreal. *Septiembre* representa la continuación dentro de la estrecha colaboración artística entre Evelyne de la Chenelière, el director y el *Nouveau Théâtre Expérimental.* La puesta en escena planteada por Daniel Brière destacaba por su minimalismo y colorido[22]. En el telón de fondo del escenario hay una enorme pared completamente cubierta con cientos de post-it amarillos y una valla metálica desmontable. Al principio de la representación, el director del teatro sale a escena para desear un buen espectáculo a los espectadores mientras que la actriz empieza a deslizarse entre las hojas hasta que se detiene y habla. Evelyne de la Chenelière, en su prolongado monólogo, va dando la voz a algunos de los alumnos, y a otros personajes, pero sobre todo a esa madre ansiosa, insatisfecha y temerosa ante ciertas amenazas reales o imaginarias y a causa de las profundidades e injusticias invisibles que generan el dolor de los niños.

Queda patente y resulta además indiscutible que Evelyne de la Chenelière, tanto en su escritura como en su actuación, manifiesta un compromiso total y global

---

[22] Philippe Couture, "Septembre d'Evelyne de la Chenelière : violence sourde", Voir, 10 septiembre, 2015.

con el arte teatral de manera que se ha convertido en una dramaturga fundamental en el teatro de Quebec.

Algunas críticas tras el estreno de la obra:

"Primera emocionante sorpresa de la temporada teatral con la obra *Septiembre*, maravillosamente escrita y también representada por Evelyne de la Chenelière (…) La puesta en escena sobria, sugerente y elegante de Daniel Brière subraya un texto preciso y sensible, a veces incandescente de poesía. *Septiembre* expresa toda la belleza y la fuerza del corazón de madre que va tejiendo la vida a partir de pequeños e invisibles sobresaltos". Mario Cloutier, *La Presse*.

"(…) Una metáfora delicada, sensible y vibrante de la condición humana, de la infancia, de las relaciones entre una madre y su hija (…) una puesta en escena inteligente, firmada por Daniel Brière que, en su minimalismo, consigue hacer emerger una carga evocadora tan sorprendente como emocionante". Fabien Deglise, *Le Devoir*.

"Evelyne de la Chenelière firma y es también la intérprete de un texto soberbio, *Septiembre*, sobria pero eficazmente puesto en escena por Daniel Brière. Como en anteriores ocasiones, la autora consigue evocar magníficamente el tema de la maternidad y de la infancia. Los corazones demasiado sensibles deben abstenerse de acudir a la representación". Mario Cloutier, *La Presse*.

"Évelyne de la Chenelière ofrece una magnífica performancia como actriz dando vida a una decena de personajes (…) Con *Septiembre*, el *Nouveau Théâtre Expérimental* arranca la temporada teatral con una propuesta de gran fuerza que se apoya tanto en la potencia del propio texto como en la sensibilidad del espectador que sólo tiene que dejarse impregnar por el microcosmos que toma vida ante sus ojos". Sara Thibault, *Montheatre.qc.ca*.

"Es destacable el minimalismo de la puesta en escena de Daniel Brière que deja todo el espacio protagonista a la belleza de este gran texto. (…) El espectador agradece de corazón a Évelyne de la Chenelière por haber escrito y articulado una serie de sentimientos que todos comparten de manera profunda. Porque *Septiembre* es duro y es bello a la vez. Muy duro y muy bello". Marie-Claire Girard, *Huffington Post Québec*.

"Autora e intérprete de este corto solo angustiado, conmovedor, pero lleno de poesía e incluso de dulzura, la creadora de *Bashir Lazhar* firma quizás su obra más personal e íntima. Un dúo en cierta manera, porque la puesta en escena y la escenografía de Daniel Brière es tan correcta y apropiada que resulta evidente e inevitable. Sensible, vibrante, pero siempre elegante, Évelyne de la Chenelière representa a la vez a todas las madres. Y también a los niños". Marie-Christine Hellot, *Revue JEU*.

Evelyne de la Chenelière
Un texto sobre la infancia[23]:

Soy una madre

En todos mis escritos, siempre he hablado y seguiré hablando de la infancia. Lo sé. Nunca iré en contra, sería inútil.

Paso una gran parte de mi vida mirando a los niños. Los observo, a los míos, a los de los demás, como plantas extrañas, exóticas, intimidantes, quizás carnívoras.

Me ha ocurrido que he llevado a los niños al zoo.
No he mirado a los animales.
He mirado a los padres que llevaban a sus hijos al zoo.
He mirado a mis niños que miraban si yo les miraba mientras miraban a los animales del zoo.

Tengo pocos recuerdos de infancia.
De lo que me acuerdo, es de que no me gustaba ser una niña, que mis padres no tuvieron mucho que ver, y que no me gustaría volver atrás en el tiempo.
Dicho de otro modo, no es porque yo haya sido una niña por lo que hago hablar a los niños: hago hablar a

---

[23] Evelyne de la Chenelière, (2012). «On dit que c'était la nuit». *Jeu*, (142), 118–121. Traduzco un fragmento de este texto de la autora, publicado en la revista *Jeu*, por su estrecha relación con la escritura de la obra *Septiembre*.

los niños porque soy una madre. Soy por tanto un monstruo.

Al escribir, me invento una mirada de niño sobre la figura materna. A través de la escritura, ofrezco a los niños una mirada que deforma y distorsiona a la madre hasta hacerla monstruosa. Monstruosamente fría o monstruosamente devoradora, siempre inadecuada. Quizás intento desmontar los engaños relacionados con la maternidad y la infancia. Quizás me libere así de una mirada que me transforma en pesadilla. No sé.

La primera cuna es el cuerpo materno, la primera leche es la leche materna, la primera lengua es la lengua materna, la primera escuela es la escuela materna, ¿cómo no quedarse petrificada, como madre, ante la dimensión de la tarea, ante la amplitud de todos los posibles estragos, ante ese amor materno que se hincha como un odre, y sobre todo ante ese poder que nos cae entre las manos, al mismo tiempo que el niño, y qué hacer?

Soy un monstruo

El niño tiene el derecho a ser protegido, a ser tranquilizado, a construirse apoyándose en figuras paternas sólidas y cariñosas. Nosotras, las madres, sólidas y cariñosas, ocultamos a nuestros niños que nada es menos seguro que esta solidez y este amor.
Quebradizo, frágil, aleatorio el amor incondicional de la madre.
Un día, nos vemos obligados a poner al niño frente a la ambigüedad del mundo.

Nos vemos obligados a reconocer que nuestro amor incondicional se basa en una serie de condiciones.

Yo te quiero si tú me quieres.

Te quiero si obedeces.

Te quiero si eres guapa.

Te quiero si eres feliz.

Sobre todo, no seas un niño malhumorado, irritable, enfermo, ansioso, triste u obeso. No tengas ningún retraso en tu desarrollo. No me des vergüenza. Quiere mucho a tu hermana pequeña y yo te querré mucho a ti. Quiérela más de lo que yo soy capaz de hacerlo. Dime que me quieres y te contestaré lo mismo.

Te quiero cuando andas, como cuando se dice de una tostadora de pan que anda bien: cumple su función de tostar el pan.

Cumple tu función de niño. Hazme reír. Derrama alegría. Asómbrate.

Da un sentido a mi vida.

Señora su niño habla bien su niño se interesa por los demás su niño es muy despierto su niño tiene muy buen humor su niño es adorable de hecho usted debería de adorarle.

¿De verdad?

Sí, sí se lo aseguro.

Y entonces te cojo de la mano, mi niño, mi adorado, como un accesorio de moda, te llevo como una joya brillante que atrae las miradas y los cumplidos, ponme en valor, mi niño, mi bolso de marca, mi collar de perlas, te quiero.

Gracias a ti ya no quiero morir.

No te vayas nunca.

Si no ya no te quiero.

Y el niño responde.
Mamá te quiero cuando hablas suavemente.
Cuando hueles bien.
Cuando sonríes.
Te quiero cuando eres mi madre y nada más.
Te quiero cuando solo me ves a mí.
No coquetees así,
no te vistas así,
no te rías a carcajadas así, no fumes así,
no seas nunca extravagante, grosera, indiscreta, ridícula,
tampoco indiferente, ni estés ensimismada, triste, hui-
diza.

No seas como esas mujeres que dejan ver su desagrada-
ble deseo. Se asexual.
Al menos, no quiero saber tu sexo.
No quiero saber de tu vientre, porque me ha alojado.
Todo el resto de ti me ha expulsado, y te lo haré pagar
durante toda tu vida.

No te vayas y déjame marchar.
No llores delante de mí y acoge mis sollozos.
Ámame y déjame odiarte.

No te mueras nunca.

Si no ya no te quiero.

Soy una figurina

Estoy inmóvil y muda en los patios de recreo, en los parques públicos, en las piscinas municipales, es las pistas de patinaje, las callejuelas, los autobuses escolares; asisto a los recitales de piano, a los concursos de canto, a las competiciones de gimnasia, a los torneos de kárate, a los campeonatos de ajedrez, voy a todos los sitios donde hay niños reunidos. Los miro. No es necesario que ellos se den cuenta de mi presencia, porque van a tomarme por un depredador sexual disfrazado de madre.

Y me pregunto: ¿Dónde están los niños que van a convertirse en depredadores sexuales, asesinos, violadores, dictadores, maltratadores de mujeres, locos furiosos? Están en algún sitio, pero ¿*dónde*? ¿Dónde están los mendigos, los fracasados, las prostitutas, los drogadictos, los degenerados, los suicidados?

Cuando jugaba a inventarme un pueblo, con figuritas de plástico, me gustaba el orden y la armonía. El panadero hacía el pan, la vendedora de verduras vendía sus verduras, el maestro de escuela daba la clase, el policía detenía al ladrón, y nadie se quejaba. El ladrón no tenía ni madre, ni mujer, ni hijo, así que nadie le echaría en falta. Este mundo me tranquilizaba porque no había sorpresas ni cosas extrañas. Las cosechas cumplían sus promesas, los árboles siempre estaban verdes y llenos de hojas, los malos eran castigados y durante la noche nadie merodeaba.

Mis figuritas no hacían la calle, no se pinchaban, no se estallaban el cráneo en un accidente de coche, no vomitaban, no se mutilaban, no se asesinaban las unas a las otras.

Era el pueblo de la estabilidad.

En este pueblo, no había cementerio puesto que nadie moría.

Las figuritas adultas tenían figuritas niños que se les parecían siempre. Era un mundo en el que los niños se hacían sin historia, sin amor y sin dolor: limpiamente.

Luces,
luces,
luces

Libremente inspirada en
Al faro, de Virginia Woolf

de

EVELYNE DE LA CHENELIÈRE

Traducción de Rosa de Diego

Lumières, lumières, lumières, obra de Evelyne de la Chenelière,
puesta en escena por Denis Marleau. Espace Go (Montreal), 2014.
En la escena: Évelyne Rompré y Anne-Marie Cadieux.
(Foto: Caroline Laberge)

PERSONAJES

LILY

SEÑORA RAMSAY

Lumières, lumières, lumières, obra de Evelyne de la Chenelière,
puesta en escena por Denis Marleau. Espace Go (Montreal), 2014.
En la escena: Anne-Marie Cadieux y Évelyne Rompré.
(Foto: Caroline Laberge)

1. La ventana (*el presente de indicativo*)

En la oscuridad.

LILY.– Se acabó.
Todo se ha acabado.
Ya no queda nada.
Todo está vacío aquí.
Un exceso de vacío.
No siento nada.
¿Señora Ramsay?
¿Qué quiere decir eso?
¿Hay que nombrar a las cosas para que existan?
¿Señora Ramsay?
¿Las cosas empiezan a existir si se las nombra?
¿Cuántas veces hay que decirlas para verlas?
¿Señora Ramsay?

Luz.

SEÑORA RAMSAY.– *(Inmóvil, mira por la ventana)*
¿Hará bueno mañana?
Si pudiera hacer bueno mañana.
Me gustaría tanto que hiciera bueno mañana.
Quizás haga bueno mañana.

Oscuridad.

LILY.– Una noche. Una nochecita de hace diez años.
Y no hay nadie más.

Ayer había una casa llena de personas, de sillas, de vajillas.

Ahora las golondrinas, los ratoncitos y los sapos se cuelan entre la porcelana rota y los libros mohosos.

Fuera y dentro.

¿La naturaleza se expande tanto como muere la gente?

¿No cree que es aterradora la indiferencia de la naturaleza?

¿Señora Ramsay?

Luz.

SEÑORA RAMSAY.– Nada nos impide creer que mañana hará bueno.

Oscuridad.

LILY.– Ayer aún podíamos decir *¿Hará bueno mañana?*

Podíamos hacernos esta pregunta y no conocer la respuesta.

Podíamos.

Todo se ha convertido en pasado.

Ahora sabemos que, al día siguiente, no ha hecho bueno.

¿Señora Ramsay?

Luz.

SEÑORA RAMSAY.– *(Sigue mirando por la ventana y se dirige a James, a quien no se le ve).* Si hace bueno, te prometo que iremos al Faro, James.

LILY.– No ha hecho bueno, y no han ido a dar ese paseo al Faro, con el que James sueña desde que ha visto el Faro.

SEÑORA RAMSAY.– Quizás haga bueno. El viento cambia a menudo, quizás haga bueno.

Oscuridad.

LILY.– El pequeño James espera desde hace noches y noches, y por fin iba a ser mañana, solo una noche más y ya iba a ver el Faro de cerca, ya solo una nochecita más, y resulta que su padre declara que hará malo.

SEÑORA RAMSAY.– No se puede saber.

LILY.– Mañana no hará bueno.

SEÑORA RAMSAY.– No se puede saber todavía.

LILY.– Imposible ir al Faro. El señor Ramsay dice siempre la verdad.
No se confunde nunca.

SEÑORA RAMSAY.– Yo no sé…

LILY.– ¿Por qué parece tan contento al anunciar que no hará bueno mañana? ¿Por qué está así? ¿Señora Ramsay?

Luz.

SEÑORA RAMSAY.– Ya se puede deducir, ¿no?

Oscuridad.

LILY.– El otro día me dijo que las mujeres son incapaces de pintar y de escribir.

SEÑORA RAMSAY.– ¿Has terminado con las tijeras, James?

LILY.– Pobre James.

Luz.

SEÑORA RAMSAY.– ¿Ya no quieres recortar?

LILY.– Su esperanza aniquilada en una sola frase. Mañana no hará bueno.

SEÑORA RAMSAY.– Deja las tijeras si has terminado.

LILY.– Si James pudiera matar a su padre, ahora mismo, hacerle callar para siempre, lo haría. Le clavaría las tijeras directo en el corazón.

Oscuridad.

LILY.– Aprieta las tijeras con todas sus fuerzas.

SEÑORA RAMSAY.– Estoy convencida de que se acordará durante toda su vida. Los niños no olvidan nada.

Luz.

Silencio.

Oscuridad.

LILY.– Ya no hay ningún paseante.

Ningún sendero, nada de césped, ningún jardín.
¿Qué otra cosa ya no hay?
La ventana del salón, el seto, el tejado con goteras y
que hay que arreglar,
lo que los niños traen y esconden como tesoros:
cangrejos, conchas, un escarabajo.
Las dalias, el avellano, las prímulas, mi cuadro.
Señora Ramsay.
¿Ya es mañana? ¿Ya es?

SEÑORA RAMSAY.– ¿Lily?

LILY.– Mañana, antes de hacer cualquier cosa.

Luz.

SEÑORA RAMSAY.– ¿Lily?

LILY.– ¿Si?

SEÑORA RAMSAY.– ¿Avanza?

LILY.– ¿El qué?

SEÑORA RAMSAY.– Su cuadro.

Oscuridad.

LILY.– La casa, la playa, ayer, la señora Ramsay, con
sus largos brazos, como perchas, con los niños.

Luz.

SEÑORA RAMSAY.– ¡Ocho! ¡1-2-3-4-5-6-7-8! ¡Muy
bien, están todos! ¿Ha visto, Lily? ¡Parecen pájaros!
¿Ha visto cómo se posan sobre mí? ¡Se posan! ¡En

todas partes, sobre mí! ¿Ha visto como tienen siempre hambre de algo? ¡Ocho! Ocho para alimentar, consolar, para reñir, cuidar, para enviar a la escuela. Me digo que la vida nunca podrá contentarles, jamás, y eso me apena. Por supuesto que no. Serán felices. Es necesario. Mis hijos serán más felices que los hijos de los demás.

Oscuridad.

LILY.– Cuando James se sienta en un pequeño estanque, puede muy bien decidir que está en mitad del océano. Puede hacerlo. Y nadie lo desmentirá. Nunca se nos ocurrirá decirle *Claro que no, es falso, tu océano no es un océano, es un charco.*
James adora los charcos, los estanques, los abrevaderos. Transforma los peces minúsculos en tiburones y en ballenas, proyecta inmensas nubes sobre este mundo minúsculo escondiendo el sol con su pequeña mano, sumerge el mundo en las tinieblas, después separa bruscamente la mano para inundarlo de luz. Es libre y poderoso. Y nadie viene a decirle que todo eso es falso.

Luz.

SEÑORA RAMSAY.– ¿Qué es?

LILY.– Es usted mientras le lee a James.

SEÑORA RAMSAY.– No me reconozco.

LILY.– Es un boceto.

Oscuridad.

LILY.– ¿Señora Ramsay?

Luz.

SEÑORA RAMSAY.– Si hace bueno, te prometo que iremos al Faro, James. No hay que culpar a tu padre. Quiere que comprendas que la vida está llena de decepciones y desgracias. Que la existencia implica querer y no tener. Desea ser él quien te enseñe esto. Pero voy a decirte un secreto: no tienes que decírselo a tu padre, pero quizás haga bueno. El viento gira a menudo, quizás haga bueno. Es nuestro secreto, ¿de acuerdo?
Dame las tijeras. Enséñame lo que has recortado. Oh, has recortado muy bien. Oh, el precioso original, oh, la trucha preciosa, oh, el frailecillo precioso. ¿Ya no quieres recortar más? ¿Te leo un cuento entonces? Es un cuento de los hermanos Grimm. *El Pescador y su mujer.* Es la historia de un pez mágico, un bacalao, que puede hacer realidad los deseos. Nos gustaría mucho conocer un pez así, ¿verdad? No estés triste. Si lo deseas de verdad, quizás descubras, cuando te despiertes, que el sol brilla y que los pájaros cantan y que iremos al Faro, y esta noche podrás soñar con el simpático bacalao, y antes de dormirte ya no tendrás miedo de esta sombra, encima de tu cama, porque te demostraré que se parece a un divertido sombrero, a una bonita montaña como esas que agradan a las hadas, con valles y flores y campanas, y pequeñas cabras y antílopes y soñarás con montañas y cangrejitos y estrellas fugaces y luciérnagas y con todo lo que es bonito, y yo estaré tranquila de verte dormido porque los niños

no olvidan nada, no olvidan nuestras promesas incumplidas, nuestras cobardías y traiciones, y cuando se duermen, me encuentro por fin lejos de la inquietud, de la prisa y del ajetreo, al fin sola, pero primero te leo el cuento, quieres, *El Pescador y su mujer,* es una historia que nos enseña que, en definitiva, hay que perderlo todo. Incluso a los hijos. Por suerte tú, James, ¡eres aún pequeño! ¡Muy pequeño! ¡Pequeño, pequeño, pequeño! ¡No como tu hermano Andrew, que ya es mayor, que está siempre lejos de mí, buscando nidos de pájaros, bichos, alguna presa! ¡Oh por qué tienen que crecer los niños! ¡Si pudieran no crecer nunca!

Porque nunca serán tan felices como ahora, acurrucados en su cunita, inventando historias con pequeñeces para prolongar el día, cuando subo a darles las buenas noches y decirles que se duerman pronto, lejos de los eternos problemas que aún no conocen, el sufrimiento, la muerte, la pobreza, el amor, la ambición, la soledad, el paro, el tejado con goteras que hay que arreglar, pero no se lo digo a tu padre, ya tiene bastantes problemas, no tiene tiempo para sobrecargarse con complicaciones domésticas, no se da cuenta de si un tejado tiene goteras o no, además, no ve nada que no esté en un libro.

Él no mira nunca las cosas. Quiero decir las cosas de verdad. Por la noche, cuando damos un paseo por el jardín, tomamos el sendero que conduce a una pequeña cumbre, en la que permanecemos sin decir nada, y siento pena al pensar que no ve las estrellas iluminarse una a una en el cielo, que no ve todo lo que reluce y se despliega, no ve nada de todo lo que enseguida va a desaparecer o apagarse, y de pronto le oigo decir: *¡Pobre país!* Le gusta soltar frases enigmáticas como *¡Pobre país!* Pero no entiendo lo que quiere provocar, entonces hago como que no le oigo y que estoy absorta por otra cosa.

Le veo lúgubre e imagino lo que está pensando.

¿Aún la gente me lee hoy?

¿Me leen como habría que leerme?

¿Habría escrito libros mejores si no me hubiera casado?

Si Shakespeare no hubiera existido, ¿el mundo sería verdaderamente diferente al de hoy?

¿Ha mejorado el destino del hombre normal desde la época de los faraones?

¿Tendríamos que haber conservado algún tipo de esclavos por el bien de la civilización?

El arte, ¿es la expresión de la vida, o simplemente un adorno?

Y así sucesivamente.

Piensa, piensa, piensa constantemente, y no ve. Incluso cuando mira a lo lejos, no ve el horizonte.

¡Bacalao, querido bacalao, exclamó Pedro, mi mujer, mi Isabel, quiere aún una última cosa, en contra de mi voluntad!

¿De qué se trata? Dijo el pescado, que apareció de inmediato.

Casi no me atrevo a decirlo, respondió Pedro; quiere ser todopoderosa como el buen Dios.

Vuelve a casa, dijo el bacalao, y la encontrarás en la pobre cabaña, de donde yo la había sacado.

Y, en efecto, palacio y esplendores habían desaparecido; la insaciable Isabel, vestida con harapos, estaba sobre una escalerilla en su antigua y miserable choza. Pedro tomó de inmediato la decisión y regresó con sus aparejos: pero nunca más su mujer tuvo un momento de felicidad.

Ya está, James, se terminó el cuento. Ahora, tenemos que prepararnos. ¡Lily! ¡Niños! Venid a ayudarme, veamos, ¿qué joyas? Mis bebés, mis preciosos bebés, mis pajaritos, os dejo decidir, coged lo que queráis, ¡os dejo que me arregléis a vuestro gusto! ¡Adornad a vuestra madre! ¡Adornadme! Sí, ¡ponedme guapa! Antiguamente, la gente era guapa. Antiguamente, la gente se vestía bien, iban bien estirados. Antiguamente, la gente tenía educación y saber estar. En fin. Esto demuestra que el tiempo no arregla nada. Entonces, ¿qué habéis elegido para mí? ¿El collar de oro italiano? ¿El collar de ópalo de la India? ¿Mis amatistas? Elegid, cariños, mis niños, mis tesoros, ¡elegid! ¿Todo esto? ¡Pero si necesitaría cuatro cuellos para ponerme todos estos collares! ¡No tengo suficientes brazos para todas esas pulseras! ¡No tengo suficientes ramas para todos estos pájaros! ¡Hay que elegir! ¡Usted también Lily! ¡Elija joyas! Usted es como mi hija, como si lo fuera, se puede decir que usted es mi hija, de alguna manera, incluso si no lo es, tiene un algo, con sus ojos de china y yo puedo ayudarla, voy a ayudarla, hay mucho que hacer, sí, sí, se lo aseguro, vamos a encontrar lo que necesita. Lo encontraremos y ¡usted será feliz, porque tendrá niños! Ya verá, no hay alegría más grande. Sus propios hijos. ¡El olor de un bebé, y su manita que aprieta nuestro dedo, y cómo nos mira! ¡Tan vulnerable, tan dependiente! ¡Tan lleno de miedos en un mundo extranjero, hostil, inapropiado! Un niño nace, y ¡somos indispensables para su supervivencia! ¡Tiene tal *necesidad* de nosotros! ¡Es emocionante! ¡Hacemos un niño y de repente nos sentimos adorados! Bueno, no es forzosamente por mérito propio, ¡pero es así! Lo que un niño siente por su madre es algo completamente desproporcionado con lo que ella es en realidad... ¡oh! ¡espero mantener a mis hijos en este error de juicio el mayor tiempo posible! Pero, ¿por qué tienen que crecer? Andrew, es casi un hombre, ayer lloraba si aplastaba accidentalmente a una hormiga, y hoy ¡ataca a los pájaros! Y vaya idea haberle regalado un rifle de balines. Incluso Andrew, que parece tan dulce, tan sensible, tan pálido, si le dan un arma, dispara a los pájaros. Ganas de matar. *¿Por qué? ¿Por qué? ¿Por qué has hecho eso?* No ha respondido. Qué tristeza. No quiero pensar en ello. No hay que pensar en ello. No quiero pensar en usted, Lily. Quiero imaginar.... ¡su destino en mis manos! Venga, niños, ¡ahora a pintar a Lily! ¡Vamos a ponerla guapa! ¡Para que encuentre un marido!

Oscuridad.

LILY.– No quiero casarme no quiero casarme no quiero casarme no quiero casarme no quiero casarme no quiero casarme...

Luz.

SEÑORA RAMSAY.– Pero ¿por qué? No entiendo por qué. Son una maravilla los niños. Los niños son la cosa más hermosa del mundo.

LILY.– ¿Cómo lo sabe?

SEÑORA RAMSAY.– ¿Cómo sé qué?

LILY.– ¿Cómo sabe usted que los niños son la cosa más hermosa del mundo?

SEÑORA RAMSAY.– Lo sé y punto.

LILY.– ¿Lo sabe todo? ¿Ha recorrido el mundo, lo ha observado todo bien, en todos los sitios, y por eso puede decir ahora que, a fin de cuentas, en conclusión, los niños son la cosa más hermosa del mundo?

SEÑORA RAMSAY.– ¡No hay necesidad de dar la vuelta al mundo para saber que los niños son maravillosos! ¿Cómo puede ser que no le gusten los niños?

LILY.– No he dicho nunca que no me gusten los niños, ¡he dicho que no quería casarme!

SEÑORA RAMSAY.– Usted es muy orgullosa, pero sé que, en el fondo, desea un niño. Es una mujer, desea niños. Está en su propia naturaleza, es así.

LILY.– Ocho. Ocho, son muchos. A menudo están mezclados en un montón. Es difícil distinguir a los unos de los otros, Cada uno pierde su contorno en provecho de una masa cálida e informe que gravita alrededor de la señora Ramsay. *Es mi madre*, dicen todos. *Esta es la persona que necesitamos.* ¿Señora Ramsay?

Luz:

SEÑORA RAMSAY.– Y entonces ¿ese cuadro?

LILY.– No acabo de terminarlo. Es como si no pudiera terminarlo nunca.

SEÑORA RAMSAY.– Sabe, sería necesario que la pintura fuera un juego, un relajamiento… Usted la aborda con tal seriedad, no es muy razonable, va a ponerse enferma… Pinte si eso le divierte, pero, maldita sea, ¡un poco de relajo, un poco de desahogo!

LILY.– La pintura no es para nada un juego.

SEÑORA RAMSAY.– Me gustaría creerla, pero, bueno, usted no es Rembrandt, usted puede moderar sus ambiciones…

Oscuridad.

LILY.– ¿Qué quiere decir con que no soy Rembrandt? Sé muy bien que no soy Rembrandt, ¿por qué me dice que no soy Rembrandt? ¿Señora Ramsay?

2. La comida (*el futuro compuesto*)

Luz.

SEÑORA RAMSAY.– Qué bien huele, vamos, vamos, señores, que se acerque todo el mundo, vamos a la mesa, el estofado de ternera no espera, veamos, colóquese aquí, muy bien, y usted enfrente, por favor, estupendo, los niños a este lado, 1-2-3-4-5-6-7, Andrew vete a lavarte las manos, las tienes negras, 1-2-3-4-5-6-7, nos falta uno, James, dónde se ha ido... ¡Noto que hay una corriente de aire tremenda! ¡En algún sitio hay una puerta abierta! 1-2-3-4-5-6-7-8, ah, James, ven a sentarte a mi lado, muy bien ¿estamos todos? Hay que servir la comida cuando está caliente. ¿Están todas las puertas cerradas? ¡Las puertas son nuestro último baluarte! ¡Ya hay suficientes aperturas en esta casa para que entren toda la arena de la playa, todo el salitre y las olas del mar! ¿Dónde está Lily? ¡Ah la gente! ¡la gente! Cuánto les cuesta sentarse. Esto parece un manicomio.

Oscuridad.

Ruidos de un comedor.

SEÑORA RAMSAY.– Ojalá Lily no se ponga a hablar de pintura. Los hombres se reirán de ella. Intentemos no hablar ni de pintura ni de escritura.

Luz.

Lily está ahí. Se ha cambiado de vestido. Lleva exactamente el mismo vestido que la señora Ramsay.

SEÑORA RAMSAY.– ¡Oh Lily! ¿Qué vestido tan bonito! ¡Por fin!

Oscuridad.

LILY.– Que deje ya de contemplarme. Me mira como si fuera defectuosa. Si pudiera arrancarle los ojos, lo haría.

Luz.

SEÑORA RAMSAY.– James, ¿no contestas cuando se te dirige la palabra? ¡Estos niños son una vergüenza!

Oscuridad.

LILY.– Envejeceré sola, y tendré que mover el árbol un poco más hacia el centro del cuadro.

SEÑORA RAMSAY.– Lily, por favor, ¿me puede pasar la sal? ¿Lily?

Luz.

LILY.– Y usted, señor Ramsay, ¿qué piensa usted?

SEÑORA RAMSAY.– ¿Quién quiere repetir un poco de este delicioso estofado de ternera?

LILY.– ¿Qué piensa de los escritores a los que ya no se les lee?

SEÑORA RAMSAY.– Gracias, gracias, es una receta francesa de mi abuela.

Oscuridad.

LILY.– Toco su corazón y con la yema de los dedos detengo su latir.

SEÑORA RAMSAY.– Lily, ¿está con nosotros?

LILY.– Tendré que mover algunas cosas.

SEÑORA RAMSAY.– Pero bueno ¿qué quiere poner en ese cuadro? Un cuadro no puede contenerlo todo.

Luz.

LILY.– ¿Perdón? No, nunca he ido a Roma.

SEÑORA RAMSAY.– En el fondo, es mejor así. Estar en contacto con grandes obras, la convertiría en la eterna descontenta con su cuadro.

Oscuridad.

LILY.– Yo adoro a los escritores que nadie lee, pero no me acuerdo de su nombre.

SEÑORA RAMSAY.– Dios mío, Lily bromeando, esto es una revolución. ¡Estad tranquilos, niños! ¡Encended las velas! Se está haciendo de noche. Encended las velas.

Luz.

SEÑORA RAMSAY.– Habrá existido la mesa.

Cada vez que miro esta mesa, pienso en la naturaleza de la realidad.

No puedo impedirlo.

Es por culpa de la obra de mi marido.

Mi marido ha escrito un enorme libro titulado *Del sujeto y el objeto y la naturaleza de la realidad.*

Intenté leerlo, pero no entendía nada.

Y después Andrew se sirvió de esta simple mesa para explicármelo.

Ve esta mesa[24], me preguntó.

Sí, la veo…

Ve la mesa, por lo tanto, existe, añadió.

(Le dije que sí para abreviar.)

Abandone la habitación, y pregúntese si esta mesa sigue existiendo.

Dicho de otro modo: ¿La mesa existe cuando usted no está aquí?

Eso es, en resumidas cuentas, la naturaleza de la realidad. No hay necesidad de leer el libro.

La señora Ramsay pone la mesa a medida que la va describiendo.

SEÑORA RAMSAY.– Habrá existido la mesa.

---

[24] El hijo trata de usted a su madre, tal y como era la costumbre a principios del siglo XX, momento en el que se sitúa la obra.

Cuando comprendí la naturaleza de la realidad, bauticé esta mesa con el nombre de la Mesa de Andrew. Por tanto, la Mesa de Andrew habrá existido. Habré puesto los platos, los boles, la sopera, los candelabros, el pan, la sal, a los niños, los invitados... Esta mesa habrá estado perfectamente puesta.

LILY.– ¿Por qué dice que esta mesa *habrá estado?*

SEÑORA RAMSAY.– ¿Cómo?

LILY.– Usted ha dicho: *Esta mesa habrá estado puesta.* ¿Por qué habrá estado? ¿Por qué no decir que la mesa está?

SEÑORA RAMSAY.– ¿Está?

LILY.– ¿Perdón?

SEÑORA RAMSAY.– ¿Está realmente?

LILY.– Por supuesto que está. Está ahí. La mesa está ahí.

SEÑORA RAMSAY.– No estoy segura.

LILY.– Usted no está segura de que la mesa esté ahí.

SEÑORA RAMSAY.– No.

LILY.– ¿No ve la mesa, como yo?

SEÑORA RAMSAY.– No. La veo en futuro perfecto.

LILY.– Ve la mesa en futuro perfecto.

SEÑORA RAMSAY.– Veo que la mesa habrá estado, un día, el día en el que habrá estado en el centro de alguna comida que nos haya reunido, y veo todo lo que habrá ocurrido alrededor de esta mesa que *habrá estado,* porque veo en futuro perfecto, en un tiempo recapitulativo, el único tiempo que me da la certeza de que las cosas han existido realmente, incluso sin nuestro conocimiento, incluso cuando no prestamos atención, y entonces esta mesa habrá estado, y nosotros también, a salvo del cambio, para le eternidad, fijados para siempre en ese futuro compuesto que es un tiempo perfecto, un tiempo en el que a la vez se puede planear todo y acordarse de todo, un tiempo como una ola.

LILY.– Un tiempo como una ola.

SEÑORA RAMSAY.– Pues sí, el futuro perfecto es como una ola, como el surf. Miren. (*Hace el gesto de una ola que se proyecta hacia adelante, después hacia atrás. Lily intentará comprender imitando su gesto.*) La mesa habrá / estado.

LILY.– Habremos / comido un excelente estofado de ternera.

SEÑORA RAMSAY.– Habremos / compartido una excelente comida alrededor de esta mesa escuchando a los hombres hablar de escritores a los que ya no se lee.

LILY.– Nos habremos / aburrido alrededor de esta mesa escuchando a los hombres hablar de escritores a los que ya no se lee.

SEÑORA RAMSAY.– Habré / pensado *Gracias a Dios, nadie puede verdaderamente saber lo que pienso, nadie puede ver en mi interior.*

LILY.– El señor Ramsay habrá / estado contrariado durante la comida.

SEÑORA RAMSAY.– Una vez más habrá / estado contrariado.

LILY.– Yo habré / colocado el salero sobre una flor bordada del mantel para recordar que tengo que mover el árbol hacia el centro del cuadro.

SEÑORA RAMSAY.– Yo la habré / visto varias veces mirar este salero como para aferrarse a algo.

LILY.– Yo la habré / visto verme mirar este salero y sentir pena por mí, la habré / odiado por sorprenderme mirando el salero, habré tenido ganas de arrancarle los ojos para que deje de mirarme, con su mirada de curiosa, con su mirada que me hace fracasar, desear y ambicionar, con su mirada que me hace querer, querer tanto y no tener, la habré querido muerta sin haber llevado nunca a James al Faro, la habré querido muerta mañana, la habré querido muerta y habré pensado *Gracias a Dios, nadie puede verdaderamente saber lo que pienso, nadie puede ver en mi interior.*

Oscuridad.

SEÑORA RAMSAY.– ¿Lily?

LILY.– ¿Si?

SEÑORA RAMSAY.– ¿Me pasa la sal, por favor?

LILY.– Efectivamente no hará bueno mañana. Imposible ir al Faro mañana.

Luz.

SEÑORA RAMSAY.– Al principio, me habré sentido ajena a todo esto, la mesa, la sopa, los invitados, todo eso, habré mirado primero los platos y a la gente con el mismo desinterés, incapaz de tomar partido, sabiendo que mi papel era precisamente unificar, fundir, crear la belleza alrededor de esta gran mesa, invertir la corriente de disolución que hace que los objetos y personas sean solitarios e inútiles y feos, y debo decir que habré desplegado una energía considerable para que esta mesa exista y se pueda decir *La mesa habrá estado.*
Me habré dado cuenta del mal humor de mi marido para quien las comidas son una pérdida de tiempo, un impedimento para avanzar en su trabajo, sí, esas comidas prolongadas irritan a mi marido sobremanera, salvo que se luzca y se afirme, que los demás quieran escucharle y conocer su opinión sobre tal o cual tema, y esa noche entonces, habrá pasado varios minutos retorciéndose en su silla para llamar desesperadamente la atención de todos, y la verdad es que me habrá dado pena, hasta tal punto que habré querido salvarle, y salvar a todos los hombres con falta de atención y reconocimiento, tienen tanta necesidad, todos esos académicos, esos poetas, esos metafísicos, entonces habré mirado a Lily con una mirada que quiere decir *ayúdale, ayúdale,* porque

habré sabido que ella comprendería y que sabría acudir en su ayuda.

LILY.– Pero, ¿Por qué acudir en ayuda del señor Ramsay?

No habré tenido ninguna gana de ir en auxilio de quien me ha dicho que las mujeres son incapaces de pintar y de escribir. Habré sabido que solo tenía que pedirle su opinión para salvarle, no tenía más que decirle *Y usted, señor Ramsay, ¿Qué piensa? ¿Qué piensa de todo esto? ¿De los libros de Walter Scott? ¿De todo lo que desaparece? ¿De todo lo que sale mal, de lo que debería ser de otro modo? ¿Queremos escucharle, a usted más que a nadie, muéstrenos lo perspicaz que es, se lo ruego, denos la oportunidad de admirarle!*

Sí, es nuestro papel. Existe un código de buena conducta que dice que debemos mostrarnos benévolos y amables, ante las palabras de los hombres; debemos halagar, mentir y asentir. Es así.

Y entonces, contra mi voluntad, empujada por no sé qué costumbre ancestral, habré dicho, para el gran alivio de la señora Ramsay:

Y usted, señor Ramsay, ¿qué piensa?

Nunca se habrá visto a un hombre cambiar de humor tan rápidamente.

Oscuridad.

SEÑORA RAMSAY.– *(para hacer reír a los hombres)* ... Y ella me repite *Quiero terminar mi cuadro,* entonces le respondo: *¡Pues acabe el cuadro! ¡No deseo otra cosa! ¡Solo tiene que poner color donde no hay, y listo, ¡nadie dice nada más! ¡Terminado!*

Los hombres ríen.

LILY.– ¿Ha visto los nubarrones? Va a llover.

Luz.

SEÑORA RAMSAY.– Mi marido ahora parece de nuevo furioso, no sé por qué razón, cómo saberlo exactamente, siempre hay algo. Los niños, atentos a todo, habrán visto a su padre fulminarles, ponerse rojo de ira, después se habrán mirado entre ellos, y pronto habré temido que entonces les dé un ataque de risa, para divertirse, habré pedido que se enciendan las velas. Los niños adoran encender las velas, encender el fuego en algún sitio.

LILY.– El señor Ramsay habrá estado furioso porque, en la conversación, se habrá hablado de libros que ya no se leen, como los de Walter Scott, y entonces el señor Ramsay se habrá lamentado de que no se hable de él y de sus escritos. Habrá tenido mucho miedo de ser un escritor al que ya no se lee. Habrá esperado en vano que alguien declare, *Pero a usted, señor Ramsay, al contrario que a Walter Scott, a usted se le leerá siempre, y dentro de cien años se retomará aún su brillante obra sobre la naturaleza de la realidad.*
Pero nadie lo habrá dicho. Y menos yo.

SEÑORA RAMSAY.– ¡Y cómo se enfurruña!

LILY.– ¡Desde luego! ¡Que se enfurruña!

SEÑORA RAMSAY.– ¡Se enfurruña a la perfección! ¿Por qué tenemos tanto miedo de los hombres que se enfurruñan?

LILY.– ¡Pues claro! ¡Dejemos que los hombres se enfurruñen a sus anchas!

SEÑORA RAMSAY.– ¡Que se enfurruñen todos, y nos dejen tranquilas!

LILY.– ¡Sí! ¡Que se enfurruñen! ¡No es nuestro problema! ¡Son imposibles de contentar!

SEÑORA RAMSAY.– ¡Nunca es suficiente!

LILY.– ¡Nunca!

SEÑORA RAMSAY.– ¡Y además no puedo estar en todas partes a la vez! ¡No puedo halagarles a todos a la vez! Pero, ¿de dónde les viene esta necesidad de que se les contemple sin cesar? Detesto sentirme superior a los hombres, pero no me dejan otra elección. Son tan egoístas, tan vulnerables, continuamente hay que animarles, soportar el pobre espectáculo de su vanidad. Y esa ridícula ambición, que tienen, de marcar su territorio y su época. Matarían por ello. Matarán por ello. Para que se les escuche, se les aplauda, que sus ideas sean importantes durante siglos. ¿Cómo esperan seriamente sobrevivir a todo esto, a todo lo que se borra? No hace falta más que una reunión de varios hombres en torno a una mesa para que se convenzan entre ellos de su importancia y su poder, para que conciban un muro imaginario que les separa de los demás, de las luciérnagas, los guijarros, de las flores, sí, los hombres se unen en su reivindicación de la eternidad. Escucho su clamor unánime, su alboroto, oigo sus voces entremezcladas que reclaman la distinción, la excepción, *Yo esto,* y *Yo aquello,* y *Yo pienso que,* y *¿Hablarán de mí tras mi muerte?* A veces tengo ganas de decirles ¡*Si supierais que no tengo nada que decir de vosotros, y de vuestras ideas y de vuestra inmortalidad!* (Gracias a Dios, nadie puede saber verdaderamente lo que pienso, nadie puede ver mi interior.) Estad quietos, niños. Encended las velas, Se está haciendo de noche. Encended las velas. ¿Quién quiere tomar un poco más de este delicioso estofado de ternera? ¡Gracias, gracias! Es una receta francesa de mi abuela... ¡Evidentemente: francesa! ¡Ah, la cocina francesa! ¡Ah, la auténtica mantequilla! ¡Ah, Francia! ¡La elegancia! ¡El buen gusto! ¡Los beneficios sociales!

(La mesa ríe con ganas, el ambiente se pone de repente muy alegre.)

Qué luz tan bonita de repente. Los rostros, alrededor de la mesa, se habrán encontrado próximos por la luz de las velas, y por fin nos habremos reagrupado, unidos a salvo de las sombras temblorosas del mundo exterior. Entonces habré pensado que el equilibrio del mundo puede mantenerse en torno a una mesa, ciertas noches, con una cierta luz, cuando de repente todo parece posible, todo parece bien, todo parece bueno. Así estamos unidos, e incluso si todo lo que nos une es frágil e inestable, como el penacho de los académicos, como la luz del Faro, como el sabor perfecto y delicado de una

71

ternera adobada, algo habrá existido. Habré pensado que basta con inventar su propia visión para ver de otro modo, para dar un ritmo a las cosas, y habré pensado en las olas, a la vez en las que ya han pasado y en las futuras, y que yo misma no sé nunca en qué tiempo me encuentro.

LILY.– Es muy guapa. Una aureola de luz ilumina a la señora Ramsay y deja en sombra a los demás. Hay gente así. Esta aureola misteriosa desaparece y luego vuelve sin razón, y la señora Ramsay es consciente de ello. Esta noche, está aquí. Ella lo sabe por la manera en la que se la mira. Sobre todo, el señor Ramsay. Está tan guapa. Todo el mundo lo piensa. Todo el mundo lo dice. Pero no la envidio, no la puedo envidiar, ella dedica su vida a ser guapa y a preocuparse de los demás. Se cree buena y caritativa, pero la verdad es que sacia su vanidad ayudando a cualquiera. Sin duda que se encuentra guapa cuando ayuda, con sus grandes gestos, como si diera de comer granos a las gallinas, y lo hace con todo el mundo, con los niños, con el señor Ramsay, con los colegas del señor Ramsay, con el guarda del Faro, con los pobres, los enfermos, los huérfanos, ¡y hasta conmigo! ¡Oh, gracias! ¿Estoy eternamente en deuda! ¡Una verdadera madre! ¡Yo que no tengo! ¡Una madre para odiarla! ¡Todos necesitamos una madre para odiarla completamente! ¡Una verdadera madre que se sienta responsable de mi destino! Una verdadera madre que se pase la vida temiendo que yo fracase en la mía, ¡qué suerte! Dios mío, y si la decepcionara, a ella que quiere casar a todo el mundo, y a mí la primera. Quizás tenga razón. Ya es hora. Quizás convendría que fuera pensando en casarme. Quizás las mujeres son incapaces de pintar y escribir. ¡Pero solo hay hombres incómodos aquí! Como monos, alrededor del señor Ramsay, loros que no hacen más que repetir que mañana, no hará bueno, y que será imposible ir al Faro. Y, ¿cómo se las arreglan? ¿Qué hacen para casarse? ¿Cómo lo hizo el señor Ramsay? Debió de cogerle la mano, acercarla a sus labios, quizás, y qué más, ¿dónde fue?, ¿dónde puso sus manos? ¿Por dónde empezó? ¿Qué olió? ¿El cuello? ¿La nuca? ¿La boca? ¿Temblaba? ¿Y ella? ¿Le fue orientando? ¿Le dijo algo? ¿Cerró los ojos? ¿Completamente? ¿Cómo se hace exactamente, cómo saben, los que se aman, lo que hay que hacer? Y ¿en qué orden?

Me habrá gustado no estar en la mesa, no formar parte de esta escena y brillar por mi ausencia, porque cuando estoy allí, no lo consigo. Habré mirado a la señora Ramsay, y después me habré consolado diciéndome que yo, al hacerme vieja, tendría mucho menos que perder que ella. Paciencia, paciencia, paciencia. Mientras tanto, la descompongo. En mi cabeza, la descompongo. Descompongo su cabello. Descompongo su maquillaje. Descompongo su boca. Le arranco los dientes. Con mis dientes le corto los labios. Le quito toda la piel. Rompo sus huesos y la abro como a un erizo. Toco su corazón y con la punta de los dedos paro su latido. (Gracias a Dios, nadie puede verdaderamente saber lo que pienso, nadie puede ver en mi interior.)

Y después, habré colocado el salero sobre la flor bordada del mantel para recordar: *Envejeceré sola, y tendré que desplazar el árbol hacia el centro del cuadro.*

SEÑORA RAMSAY.– Lily, ¿está con nosotros?

LILY.– Y habré pensado que ese cuadro era mi tesoro, y que nadie podía quitarme ese tesoro, ni obligarme a casarme. Y si después de todo, ¿si hiciera bueno mañana?

¿Y si el Cielo me recompensara por haber socorrido a un hombre olvidado en la mesa?

¡Me gustaría tanto verle la cara al señor Ramsay, si descubriera al despertarse un cielo azul salpicado de sol!

Pero ya llueve, todo el mundo se levanta de la mesa, se dispersa ¿hay que apagar todo? Sí, hay que ceder el sitio a las tinieblas. Pero, ¿dónde va la señora Ramsay? Siempre hace eso. Nos abandona bruscamente, sin avisar, como si hubiera sido reclamada por una misión secreta. Tendré ganas de retenerla, de echarme a sus pies y decirle *¡Estoy enamorada de usted!* Pero no es exactamente eso. ¿Qué habría que decir? *¿Estoy enamorada de todo esto, la casa, el tejado con goteras, la mesa?* Pero no se puede decir nunca lo que se piensa. Ni siquiera sabemos lo que pensamos. Habré imaginado entonces lo que vive y palpita fuera, en la noche, todo lo que respira, y nace y muere sin que lo sepamos, habré imaginado los cantos rodados en el furor de las olas, las curvas de los senderos que dirigen nuestros pasos, las corrientes de aire que se insinúan en la casa y arañan el papel pintado, las polillas que mueren repetidamente en la luz de las llamas, habré pensado en todo esto, todo lo que, en presencia de la señora Ramsay, se convierte milagrosamente en algo perfecto, y habré deseado *Que aquí la vida se pare*.

3. El Faro (*el condicional*)

Oscuridad.

LILY.– ¡Señora Ramsay!

SEÑORA RAMSAY.– ¿Qué, Lily?

LILY.– Y ¿si fuéramos a la playa?

SEÑORA RAMSAY.– ¿Ahora?

LILY.– ¡Pues claro, antes de la tormenta! ¡Antes de la tempestad! ¡Antes de la noche!

Luz.

LILY.– Iríamos a las rocas, y nos quedaríamos mucho tiempo, mucho tiempo, hasta olvidar por completo todo lo que no puede esperar, contemplaríamos las olas romperse y después empezar de nuevo el paisaje.

Oscuridad.

SEÑORA RAMSAY.– Pero, en el fondo, ¿qué sería?

LILY.– ¿El qué?

SEÑORA RAMSAY. – ¿Su cuadro?

LILY.– Blancuras. Sombras

SEÑORA RAMSAY.– No se parece a nada.

LILY.– Pero es lo que veo, eso es lo que veo. ¿Por qué todos intentan convencerme de que veo mal? ¿Señora Ramsay?

Luz.

La señora Ramsay está sentada. Lily, a sus pies, con la cabeza apoyada sobre sus rodillas, ríe sin parar. Lily estrecha con fuerza a la señora Ramsay con un abrazo apasionado.

SEÑORA RAMSAY.– *(sonriendo)* Mi querida Lily. Verdaderamente, una pequeña salvaje.

Oscuridad.

LILY.– *(sin aliento)* Señora Ramsay, ¿me ve? ¿Me ve? ¿Ha visto mi vestido? ¿Ha visto mi peinado? He cambiado un poco. Es la moda, es una prueba, ¿ha visto? ¿Ha visto mis manos?, la izquierda es un poco más grande que la derecha, mis manos no son iguales, ¿ha visto? ¿Ha visto mi habitación? He abierto la ventana y he cerrado la puerta, mi puerta está bien cerrada, ¿ha visto? ¿Ha visto que he preparado un ramo de flores?, ¿lo ha visto encima de su mesilla?, yo lo he puesto en su mesilla, son lirios, ¿ha visto? ¿Ha visto? estoy aquí, ¿ha visto?

Luz.

SEÑORA RAMSAY.– Buenas noches, Lily.

LILY.– ¿Ya?

SEÑORA RAMSAY.– Por fin. Me parece que, durante todo el día, he estado esperando la noche. Durante todo el día he deseado locamente mi ausencia del mundo. No tengo sueño. No quiero dormir. Quiero sumergirme en la oscuridad y el silencio, en esa grieta del tiempo en la que nada existe y nada me reclama. Por fin. Camino, sola, por la playa. Elijo las piedrecitas más redondas, más lisas, lleno mis bolsillos con su peso, y me dirijo hacia el Faro. Camino siguiendo su rayo. No tengo prisa. No tengo miedo. No hay nada que temer. El océano no es un océano, es un charco, es una cuenca, un pequeño estanque agitado por la mano de un niño. Mi vestido es pesado. A la cama, niños. Me ahogo sin dificultad, sin dolor. Buenas noches, tesoros. Que tengáis felices sueños.

Oscuridad.

LILY.– Una noche que se prolongó diez años.

Una noche, la humanidad sumergida en la oscuridad, y después el caos.

La señora Ramsay habría muerto.

La casa habría sido abandonada, y la naturaleza, indómita, habría recuperado sus derechos.

Unas alcachofas gigantes habrían salido en medio de las rosas, entre las baldosas, habrían crecido cardos, ya no habría césped para jugar al cricket, el jardín ya no sería un jardín.

Fuera sería dentro. Las golondrinas, los ratoncitos y los sapos se colarían entre la porcelana rota y los libros enmohecidos.

Las únicas formas humanas serían objetos abandonados. Algo de punto, una gorra de caza, un sillón. No habría más que espejos sin rostro, vestidos sin cuerpos, colores sin forma.

Luz.

La señora Ramsay aparece con un vestido blanco. Está cubierta de flores.

SEÑORA RAMSAY.– ¿Por qué habla en condicional?

LILY.– Porque no estoy segura.

SEÑORA RAMSAY.– Usted no está segura…

LILY.– Dudo. Debería intentarlo.

SEÑORA RAMSAY.– ¿Intentar qué?

LILY.– El modo condicional. Es menos comprometedor. Es lo potencial, lo hipotético. Eso *podría* ser verdad, pero también *podría* no serlo.

SEÑORA RAMSAY.– No es seguro.

LILY.– Eso es, es ambiguo

SEÑORA RAMSAY.– No se sabe.

LILY.– Se supone.

SEÑORA RAMSAY.– Es factible.

LILY.– Es posible.

SEÑORA RAMSAY.– Es concebible.

LILY.– Es una eventualidad.

Habría habido una guerra. Habría habido combates, obuses, muertos, cuerpos destrozados, y después, al final, la paz.

Yo no me hubiera casado nunca. Mi cuadro inacabado habría sobrevivido a la noche. Volvería a empezar. Intentaría acordarme. Pero permanecería enclavada a la mesa. Pensaría en esa mesa que habrá sido, en la naturaleza de la realidad, y después en Andrew, fallecido durante la guerra, y en todo lo que ya no sería nunca como antes.

SEÑORA RAMSAY.– 1-2-3-4-5-6-7...

LILY.– Habría habido una guerra, un obús habría explotado y Andrew habría muerto al instante. No habría sufrido.

SEÑORA RAMSAY.– 1-2-3-4-5-6-7... Andrew... un niño, era aún un niño... aún pequeño... un cuerpecito. Si no hubiera habido una guerra.... Habríamos podido salvar a nuestros hijos... impedirles crecer y disparar a los pájaros... Incluso Andrew, tan dulce, tan sensible, tan pálido, proporciónele un arma y... Dios mío, todo lo que ha muerto... Andrew, si pudieran devolvérmelo, le cuidaría muchísimo, muchísimo... Andrew... ¿Dónde está? ¿Dónde está su cuerpo? Su cuerpo abierto, su cuerpo destrozado, su cuerpo desgarrado, su cuerpo descuartizado, su cuerpo hecho añicos, su cuerpo desparramado, su cuerpo reducido a lodo rojo, ¿dónde está? Incluso muerto, le querría entre mis brazos, para cuidarlo y mirarlo, pero no me lo pueden devolver, porque los trozos se han volado, expandido, perdido para siempre.

LILY.– Yo abandonaría la Mesa de Andrew, y me preguntaría si realmente existe cuando yo no estoy.
Yo no sentiría nada. Estaría vacía.
Todo volvería a empezar. Usted le leería a James, mientras mira por la ventana, hacía el Faro.
Usted diría: *¿Hará bueno mañana? Si pudiera hacer bueno mañana. Me gustaría tanto que hiciera bueno mañana.*
Usted desearía que hiciera bueno mañana para poder dar ese paseo al Faro que ha prometido a James, todos juntos, porque James sueña con ir al Faro desde que está en edad de mirar al Faro.

SEÑORA RAMSAY.– Si hubiera hecho bueno…

LILY.– Pero no habría hecho bueno, ni una noche en diez años habría pasado en la que hubieran podido ir al Faro.

SEÑORA RAMSAY.– Si al menos hubiera hecho bueno…

LILY.– Esta mañana, el señor Ramsay decidiría llevar a James al Faro, sin usted, y James pensaría *Demasiado tarde, es demasiado tarde, habría que haber ido diez años antes, ahora es demasiado tarde.*

SEÑORA RAMSAY.– Si al menos hubiera hecho bueno…

LILY.– Me gustaría volver a empezar mi cuadro, pero el señor Ramsay se metería conmigo. Parecería ansioso. Pero ¿de qué? ¿De qué más? Yo intentaría no verle, deprisa, mirar a lo lejos, mirar las olas, ocupar mi mirada, no dejarle sumergir sus ojos de predador en los míos, pero él me obligaría, forzaría mi mirada, y yo pensaría, este hombre es un león y no tiene a nadie más que devorar que yo, soy su única presa ahora, por su culpa, ¡por su culpa estoy sola! ¡Es por su culpa! ¿Estoy loca o me desnuda con la mirada, qué espera de mí, qué quiere? ¿Mi cuello? ¿Mi nuca? ¿Mi boca? ¿Qué quiere de mí? Pronto mis piernas no me podrían sostener más, tendría la garganta seca y ahogada, y pediría a Dios para que James volviera y se fueran los dos a dar un paseo al Faro, que fueran, al Faro, y que se termine esto, y que me dejen tranquila, que me dejen pintar, que me dejen trabajar, pero el señor Ramsay no soltaría este bocado, me tendría cautiva hablándome de todo lo que está muerto, de todo lo que ha cambiado, de lo que ha envejecido, hablaría como se enseñan las heridas, es grotesco, este hombre no hace más que reclamar, reclamar y coger, es todo lo que sabe hacer. Ahora ¡suspira! ¿Suspira mirando sus pies! ¡Suspira a mi lado!

SEÑORA RAMSAY.– Y bien, sí, suspira, y ¿qué?

LILY.– ¡Es indecente! ¡Es casi un bufido! ¡Vuelve a empezar!

SEÑORA RAMSAY.– ¡Conteste!

LILY.– Tengo que decir algo.

SEÑORA RAMSAY.– Diga algo, ¡cualquier cosa!

LILY.– Qué bonitos botines.

SEÑORA RAMSAY.– "¿Qué bonitos botines?".

LILY.– Ha mirado sus manos, y después sus pies, entonces mis ojos se han detenido en sus botines, y entonces he dicho *Qué bonitos botines*.

SEÑORA RAMSAY.– *¿Qué bonitos botines?* Usted le ha dicho *¿Qué bonitos botines?* Pero es completamente absurdo. *Qué bonitos botines*, hay mejores comentarios para consolar a un hombre.

Oscuridad

LILY.– Él miraría sus manos como para verificar que son manos tristes, después miraría sus pies, vería entonces sus botines y se alegraría de su buena calidad, se diría que únicamente los botines de calidad son inalterables en este mundo en el que nada permanece. Y yo le diría *Qué bonitos botines*, porque no se me ocurriría ninguna otra cosa que decir para consolarle de la guerra y de todo lo que está muerto, pero también para que sepa que entiendo perfectamente que uno, en la desesperación, puede agarrarse a unos botines como una especie de garantía y que, incluso cuando se han escrito obras complicadas sobre la naturaleza de la realidad, se tiene el derecho de que el espíritu descanse un poco soñando con la comodidad de un par de botines.

Luz.

LILY.– En fin, James volvería. Andaría muy despacio hacia nosotros, para hacernos ver que no tienen ninguna gana de ir al Faro. Sería incapaz de fingir esa alegría que a su padre le gustaría tanto provocar, al contrario, todo su cuerpo expresaría la coacción y la mala voluntad. Sin embargo, ambos se marcharían hacia el Faro.

James, vencido, vería el Faro de cerca y pensaría *¿No era más que esto?* Por mucho que mirara el Faro con todas sus fuerzas, no vería más que una torre estropeada, plantada encima de una roca rugosa. Se diría *¿No era más que esto, la inagotable claridad de mi infancia?*

¿Qué quiere decir esto? Y ¿por qué no hay nadie para decirnos cómo hacer y cómo mirar? Y ¿por qué ir al Faro diez años demasiado tarde? ¡Señora Ramsay!

Oscuridad.

SEÑORA RAMSAY.– Quizás James miraría a su padre, y esperaría un escalofrío de odio que no llegaría.

Quizás su padre miraría a lo lejos, y pensaría esta vez en otra cosa distinta a sus trabajos; al desove de los peces, o a la agitación de las algas, o al destino de los náufragos, no se sabe, no se puede saber; o quizás leería ese librito de poesía, el amarillo, sentado tranquilamente en el barco, y quizás diría algunos versos en voz alta, como si la lectura no le bastara para grabar en su interior frases que le gustaría retener. Y entonces quizás James miraría a su padre y vería por primera vez a un hombre viejo y triste que lee un libro amarillo, con las rodillas dobladas como las de un niño, y entonces quizás James se diría, como se dice sobre un asunto arreglado, clasificado, terminado para siempre, quizás se diría *Es mi padre.*

LILY.– ¿Dónde está el barco? Estaba ahí, había una mancha marrón en la bahía.
¿Dónde está el Faro?
¿Han sido todos tragados?
¿Señora Ramsay?

SEÑORA RAMSAY.– No, todo está allí.

LILY.– Ella diría que todo está allí. Que es únicamente la niebla que se ha levantado.

SEÑORA RAMSAY.– Es únicamente la niebla que se ha levantado. Han atracado.

LILY.– Han atracado. El señor Ramsay ha dejado su libro.

SEÑORA RAMSAY.– Se ha puesto el sombrero.

LILY.– James le ha seguido mientras pensaba *Es mi padre.*

SEÑORA RAMSAY.– Han llegado.

Luces.

LILY.– *(Cierra los ojos)*
V eo.

(Abre los ojos)

No veo.

(Cierra los ojos)

Veo.

(Abre los ojos)

No veo nada.

(Cierra los ojos)

Veo.

(Abre los ojos)

No veo nada.
Una cortina se levanta y cae sin fin ante mis ojos.
No veo más que restos y felaciones.
He creído verla, pero todo lo que surge se pierde de
inmediato.
¡Señora Ramsay! ¡Señora Ramsay! ¡Señora Ramsay!
Ha muerto.
Ha muerto, muere, va a morir.
¿Qué hay que decir?
¿Qué tiempo elegir?
El tiempo me ahoga en su crujido.
Pliegues innumerables.
Las formas se deforman en sus ondulaciones in-
terminables.
Los seres se deslizan y caen en la oscuridad.
No se puede impedir nada, no se puede hacer nada.

Sí, todos aquellos a quienes amamos son tragados, con sus gritos, por las olas y las hendeduras de un tejido desmesurado.

¡Señora Ramsay!

¡Y después la vería!

La veo. ¡Está ahí! Atraviesa el jardín, entre el desorden de los jacintos y los lirios, con sombras danzarinas a su lado, ¡1-2-3-4-5-6-7-8! Todo está ahí.

Señora Ramsay. Ayer. Mi cuadro, con su árbol en el centro, un árbol con ramas llenas de pájaros.

¿Se ha terminado?

¿Todo está terminado?

¿Qué falta entonces?

¿Mañana?

¿El futuro?

¿Qué hacer?

¿Cuándo es el futuro?

Mañana ¿para hacer qué?

¿Hará bueno mañana?

SEÑORA RAMSAY.– Quizás haga bueno mañana.

Oscuridad.

Septiembre

de

EVELYNE DE LA CHENELIÈRE

Traducción de Rosa de Diego

Septembre, obra escrita e interpretada por Evelyne de la Chenelière, puesta en escena por Daniel Brière. Espace Libre (Montreal), 2015. (Foto: Marlène Gélineau Payette)

Prólogo

Hoy, doce de septiembre, mi hija estaba en la escuela, yo trabajaba. El teléfono ha sonado, he reconocido el número de la escuela en la pantalla, y he contestado, era ella, le dolía otra vez la tripa.

Desde que habían empezado las clases, era la cuarta vez que me llamaba para que fuera a buscarla a la escuela porque le dolía la tripa.

Primero le he dicho que no podía ir a recogerla esta vez, que tenía que ser responsable, que su dolor de tripa no era nada, nada grave, pero lloraba de tal manera al teléfono, que al final he ido a recogerla.

He llegado a la escuela, era la hora del recreo, ella no estaba en el patio, me esperaba en secretaría, pero no he ido de inmediato a buscarla, tenía ganas de ver a los niños jugar en el patio de recreo, pero me he dado cuenta que estaba impaciente por encontrarla, por encontrarme con ella, como si yo tuviera siempre miedo de equivocarme, como si yo pudiera equivocarme, hasta que ella no estuviera acostada, dormida, entonces me he quedado cerca de la valla del patio y he mirado a los niños, y después he tenido que ir a buscar a mi hija, yo no estaba de buen humor, ella me ha pedido perdón varias veces, pero yo me sentía incapaz de responderle, me costaba comprender lo que me decía exactamente, y entonces nos hemos metido en el coche y no hemos dicho nada durante todo el trayecto hasta casa.

Hoy, 12 de septiembre, estaba trabajando, intentaba trabajar, el teléfono ha sonado, no he tenido necesidad de mirar en la pantalla, antes de contestar sabía que era ella, lo sentía, me había costado concentrarme durante toda la mañana, como si fuera a ocurrir algo, y no me equivocaba, era ella, quería que fuera a buscarla de inmediato, me ha dicho que le dolía la tripa, le he preguntado si creía que podría terminar las clases, yo quería que lo intentara al menos, pero lloraba de tal forma que no podía hacerle razonar, entonces he ido a buscarla.

Cuando he llegado a la escuela era la hora del recreo y me ha dado pena que mi hija no lo aprovechara, el recreo, el sol, la relajación, he mirado a los niños que estaban jugando, he ido a buscar a mi hija a la secretaría y hemos vuelto a casa en coche.

Hoy, 12 de septiembre, no he conseguido trabajar.

He tenido que ir a recoger a mi hija a la escuela porque le dolía la tripa.

Es la cuarta vez este año.

Hoy, 12 de septiembre, me he levantado, pero hubiera debido quedarme en la cama. No he hecho nada en todo el día. Hacía demasiado calor, y además a mi hija le dolía la tripa, he ido a recogerla a la escuela.

Hoy, 12 de septiembre, imposible trabajar, me dolía la tripa. De todas formas, mi hija me ha llamado para que fuera a recogerla. Me ha parecido que me fastidiaba, así que le he hecho sentir que me fastidiaba, pero la verdad es que me liberaba.

Hoy, 12 de septiembre, cuando mi hija me ha telefoneado para que fuera a recogerla he sentido miedo de perderla, como cuando era bebé y tenía siempre miedo de perderla así que he ido a buscarla.

Hoy, 12 de septiembre, cuando el teléfono ha sonado he contestado y mis manos estaban tan húmedas que se me ha resbalado el aparato, se me ha deslizado de las manos, y tenía miedo de que en la escuela creyeran que no estaba ahí, quiero decir, que no estaba al otro lado del teléfono y que me colgaran, así que para mostrar que estaba allí he gritado ¡Sí! ¡Estoy aquí! ¡Ya voy! ¡Estoy aquí! ¡Ahora cojo el teléfono! ¡Ya voy! ¡No cuelguen! ¿Sí?

Hoy, cuando el teléfono ha sonado y yo ya sabía que era mi hija y que le dolía de nuevo la tripa, por cuarta vez este año y que era precisamente 12 de septiembre, estaba con tal cabreo de que me molestaran, que no he reflexionado, he descolgado el teléfono y lo he tirado con todas mis fuerzas al otro extremo de la habitación.

Hoy, 12 de septiembre, he roto mi teléfono. Me ha dado miedo al comprobar que era capaz de romper algo.

Hoy, 12 de septiembre, realmente, un día de culo. Incapaz de concentrarme, demasiado calor, intento concentrarme, el teléfono no para de sonar, de tal manera que termino por lanzarlo al otro extremo de la habitación, parezco una loca, y después llaman de la escuela, pánico total, a mi hija le duele la tripa, no saben qué hacer, no saben nunca qué hacer, tengo que ir a recogerla, así que voy a recogerla, me miran como si fuera una mala madre porque a mi hija siempre le duele la tripa.

Hoy, 12 de septiembre, lo he dejado todo, lo he abandonado todo, lo he dejado de lado para ir a buscar a mi hija a la escuela porque me necesitaba.

Primera parte

Dicen que el teléfono ha sonado. ¿Sí? Sí soy yo. Sí. ¿Pueden pasarme con ella, por favor? ¿Sí? ¿Qué pasa cariño? ¿Sí? Te duele la tripa. Sí de acuerdo. Tranquilízate. Respira. No puedo ir a buscarte ahora mismo. No puedo. Escúchame. Respira despacio. Quiero oírte respirar. Así. Ahora vas a volver a clase y estarás bien. Escúchame. Se te va a pasar solo. No estás enferma. Es tu crisis de ansiedad es por mi culpa. No, no vas a vomitar. Bueno, vale ya voy. No, no estoy enfadada, estoy contrariada. Llego enseguida cariño. No te preocupes. Prepara tu mochila que llego. Prepara tu mochila que llego. No te olvides de la agenda, y me he puesto la chaqueta y no he esperado al ascensor he bajado los seis pisos andando y he ido a buscarla, he corrido hasta el coche me he tropezado con una señora que iba en sentido contrario he dicho perdón sin pararme he corrido he corrido he llegado al coche he arrancado el motor he encendido un cigarrillo he abierto toda la ventana y he sacado el brazo fuera exhalando lo más lejos posible e intentando recordar lo que no hay que decir ni dar a entender, me he pasado dos semáforos en rojo, no hay que dar a entender que el mundo es un lugar peligroso y la vida, una lucha incansable, no hay que decirle que siempre estaré aquí para ella, no hay que dar a entender que siempre me necesitará a mí, su madre, no hay que, y he pasado delante de la escuela y no me he parado, no podía, había tardado doce minutos en llegar, es demasiado poco, y me he dicho que tengo que perder un poco de tiempo si no mi hija va a creer que he entrado en pánico, no debo darle a entender que la he creído en peligro o perdida sin mí, he aparcado el coche muy lejos, mucho más lejos, he dejado mi chaqueta en el asiento, hace tanto calor, es increíble el calor que hace para septiembre, no habíamos conocido un septiembre tan caluroso, 12 de septiembre y el verano me parece ya tan lejano y sin embargo hoy hace un sol de vacaciones, un sol de playa soleada, un sol que no concuerda bien con el patio de recreo. No es el veranillo de San Martín, es quizás el principio del fin del mundo. Se ha declarado la canícula, las piscinas municipales han retrasado la fecha de su cierre, se teme por los viejos y por los bebés, en la radio nos explican las causas y los efectos del calentamiento planetario, pero yo sigo cogiendo el coche. Este verano, hemos ido hasta Estados-Unidos, y esos momentos pasados en el coche son mis mejores recuerdos de las vacaciones. Por supuesto el mar, por supuesto los atardeceres, por supuesto las comidas con marisco, pero todos esos instantes exigen una calidad de presencia que requiere grandes esfuerzos, mientras que el coche es un lugar en el que el silencio puede reinar sin que cunda el pánico, hace verdaderamente calor.

Han plantado un árbol en el patio de la escuela, un álamo balsámico, algún día, será bueno permanecer bajo su sombra, pero por el momento es más bajo que la mayoría de los niños, y sus escasas hojas dejan pasar todo el sol, a partir del mes de mayo, el patio es insoportable por el calor, es un problema, los días sin viento, con el asfalto ardiendo, algunos niños se han desmayado eso ha ocurrido, desde entonces a los niños se les permite llevar un frasco pulverizador, y pulverizarse durante el recreo, los niños están encantados, se riegan los unos a los otros y juegan a perseguirse con chillidos, e incluso si las pistolas de agua están prohibidas, por la forma de la pistola claro está, los niños hacen ruido de pistola y se matan los unos a los otros con sus pulverizadores, si hubiera árboles, sería mucho mejor, pero solo está esa raíz de árbol que tardará muchos años aún antes de hacer un poco de sombra, y eso, siempre que no sea arrancado, roto, destrozado, nunca se sabe, los niños lo rompen todo, a pesar de la ceremonia que han hecho en la escuela, parece ser, una especie de inauguración, y también las explicaciones del sistema de arraigo, de atirantado, de riego, que deben crear en principio en los niños un sentimiento de adhesión a su árbol, y eliminar todo deseo de destruirlo, a pesar de estas precauciones no se sabe de dónde pueden surgir las ideas de destrucción como romper las ramas de un arbolito destinado a crear sombra, no se sabe, y dicen que yo andaba así, lo más despacio posible antes de llegar a la escuela. No dar a entender que con frecuencia sueño que ella es otra, cualquiera pero otra, más desenvuelta, más tranquila, más segura, más contenta, más moderada, más alegre, más radiante, quizás más rubia, eso, más rubia, como esas rubias que al verlas parecen perfectas, una rubia con carácter, personalidad, gracia, y no se puede dejar de imaginar que va a tener el mejor de los destinos y nos alegramos por ella, sin saber exactamente por qué, una intuición, y he llegado a la escuela porque tenía que hacerlo.

Segunda parte

Era la hora del recreo, dijeron que mi hija no estaba fuera, claro está, los niños con dolor de tripa no salen, se tumban sobre la cama plegable en la secretaría. Me coloqué cerca del patio para mirar a los niños que no tenían dolor de tripa, hacía sol y pensé que era estupendo para los niños un patio de recreo soleado, he visto chicos que parecían jadear o algo así, y uno más pequeño que sangraba por la nariz y llamaba a su madre, mientras la cuidadora le atendía, había unas niñas agrupadas, que aplaudían a una rubia que hacía gimnasia, una especie de salto, otra niña, con una venda en el ojo izquierdo, y que parecía hablar sola, también he visto a la madre de Melisa que llamaba a su hija desde el otro lado de la valla, llamaba, llamaba, pero Melisa parecía no querer responder y seguía saltando a la cuerda, la madre de Melisa es un escándalo, al fondo del patio he distinguido a los cabecillas los reconozco, se burlaban de aquella señora muy tiesa que viene a menudo a la hora del recreo según parece, he visto a un niño que se peleaba, madre mía como se ensañaban con él, debía haber hecho algo muy grave, se reía nervioso, he visto un balón saltar fuera del patio y rodar hacia un paseante, y los niños de inmediato agarrarse a la valla, parecían monos, y yo observaba este pequeño universo, este pequeño orden, como si de repente lo hubiera creado, como si pudiera guardarse en la palma de mi mano, como cuando, de pequeña, yo colocaba y descolocaba mis figuritas de plástico en los azulejos del suelo de la cocina, debajo de la mesa, y entonces imaginaba algunas escenas para todas esas figuritas, en un mundo de fortuna y de armonía. El panadero hacía el pan, el tendero vendía sus verduras, la maestra daba clase, el policía detenía al ladrón. Las cosechas mantenían sus promesas, los árboles permanecían eternamente verdes y frondosos, los malos eran castigados, y durante la noche nadie andaba por la calle. Las figuritas no hacían la calle, no mendigaban, no se pinchaban, no se explotaban el cráneo en un accidente de coche, no se asesinaban las unas a las otras. Además, nadie se moría, Las figuritas adultas tenían figuritas niños que se les parecían siempre. Era un mundo en el que los niños se hacían sin historia, sin amor, sin dolor y sin drama: limpiamente.

Me fijo en la madre de Melisa. Dicen que llama a su hija desde el otro lado de la valla, *Melisa, Melisa, Melisa*, pero Melisa parece no querer responder y sigue saltando a la cuerda, dicen que la madre de Melisa es un escándalo, dicen que la madre de Melisa es una mujer perdida, torpe y que ahoga su pena y su odio en alcohol, pobre mujer, Melisa hace como que no la oye, y los niños del patio en el recreo bajan los ojos, Melisa les da pena y a veces, por la noche, antes de dormirse, suspiran de alivio al pensar que la madre de Melisa no es su madre, su madre no se exhibe, su madre no les llena de vergüenza, y entonces cierran los ojos pensando que se han librado, y ellos adoran a su madre y no se preguntan si Melisa quiere a su madre y, si le quiere a su madre, cómo lo consigue, y la madre de Melisa insiste, grita *¡contesta Melisa! He venido para salvarte, estás preciosa con tu ropa nueva, solo dos minutos, te echo de menos, Melisa tú me* echas de menos, te quiero, voy a salvarte y conozco un sitio nos vamos a ir de aquí es un país cálido donde solo hace falta coger frutas conozco un chico nos espera es un pintor y va a acogernos lo he organizado todo él vive con la naturaleza vende sus cuadros es feliz está en el sur vamos a estar bien calentitas allí voy a darte de comer cosas de los países cálidos mangos peces tortugas erizos fabricaremos joyas con conchas compraremos bebidas sencillas tomaremos el sol en la playa podrás bañarte con delfines podrás tener flores en el pelo todos los días tenemos que huir Melisa voy a llevarte he visto fotos es tan bonito la gente comparte la gente sonríe no como aquí donde todo el mundo quiere hacernos creer que el problema somos nosotras que si nuestros asuntos no marchan bien es por nuestra culpa pero no es por nuestra culpa no es por nuestra culpa todo es inestable las cosas no son iguales no están al mismo nivel que al principio pensamos que es nuestra vista que vemos mal pero si se observa bien se ve que todo es inestable todo es corrupto engañoso mi amigo pintor corrige las cosas en sus cuadros, restablece la verdad, ha hecho mi retrato me lo ha dicho me ha dicho que en su pintura yo era una sirena me ha dicho que era su musa sabes lo que es una musa Melisa una musa es lo que inspira la poesía te das cuenta soy una musa tengo tantas ganas de llegar allí de tumbarnos en la arena los tres el pintor tú y yo tengo tantas ganas vamos a pescar perlas y a beber leche de coco no tendremos sufrimientos ni frío ni mordeduras no nos pincharemos con ninguna rama de abeto allí los árboles están llenos de monos y de pájaros crecen las hojas los frutos las flores crecen se abultan siempre a punto de explotar como si la naturaleza flirteara sin cesar el mundo baila los niños los viejos todo el mundo incluso las palmeras tienen caderas para moverlas el otro día había un piano de cola en la selva espera que te cuente esto un piano de cola en la selva el pianista se puso a tocar todo el mundo en la selva se puso a bailar nunca habían oído hablar de un piano de cola pero sabían que

era música sabían eso porque tienen la música en la sangre y en-
tonces bailaron Melisa era tan bonito había que ver eso el pintor
me dijo que bailaron durante tres días incluso por la noche tres
días vamos a hacer lo mismo Melisa como ellos Melisa bailaban
sin parar tres días vamos a hacer como ellos ¿no quieres bailar?
bailaban sin parar mira baila conmigo, y dicen que la madre
de Melisa, bajo la mirada horrorizada de su hija, se pone
a bailar lascivamente, *pobre Melisa,* piensan todos los niños del patio, que se miran entre sí, *pobre Melisa.* Y entonces Melisa, como si estuviera manipulada por una
fuerza invisible, sin quererlo, imita los movimientos de
su madre, baila, baja la mirada y desea morir, después la
madre de Melisa se va tambaleándose.

Abandono a la madre de Melisa, dicen que se fue a
comprar un décimo de lotería. Cojo a la niña a la que le
falta un ojo y que parece hablar sola. Dicen que mira,
con su único ojo, a la niña rubia que hace saltos de
gimnasia.

Mía es mi ferviente amiga. Me confía sus secretos. Le hago
pulseras. Siempre estamos juntas. A veces la gente me llama por
su nombre cuando estoy de espaldas. De espaldas, pueden confun-
dirnos. De frente somos distintas. Un día nos hemos unido como
siamesas. Temporalmente. Unidas por el tronco. Hemos cogido su
abrigo, cada una con un brazo en una manga. Ella el brazo dere-
cho porque es diestra. Yo también soy diestra, pero consigo hablar
con la mano izquierda. Hemos atado el abrigo hasta nuestros dos
cuellos. Durante todo el día. Estábamos calentitas. No éramos
más que una. Una sola criatura con tres ojos. Mía es mi única
amiga. A veces me la imagino muerta para quererla aún más.
Imagino que la atropellan al atravesar la calle. En sus últimas

convulsiones me llama vomitando sangre. O bien imagino que tiene una grave enfermedad, y que después le canto oraciones fúnebres hasta el final de los tiempos. Me gustaría devorarla. Con mi ojo. Devorarla con el ojo. Que no quede nada de ella. Para los demás, nada, habría desaparecido, y para mí, su presencia eterna. Dentro de mí por los siglos de los siglos amén y a pesar de todo. Mía me quiere, pero hace como si nada para que las demás no se burlen, es muy inteligente a pesar de que no tiene buenas notas en la escuela. Yo tampoco tengo buenas notas, pero es para no levantar sospechas. De todas formas, preferiría que Mía y yo fuéramos analfabetas, porque es imposible decir lo que queremos decir, es imposible, ninguna palabra elegida puede ser la buena porque elegir una palabra significa rechazar las demás, sacrificarlas, y nosotras necesitaríamos todas las palabras, absolutamente todas, para decir nuestro amor, necesitaríamos que todas las palabras estuvieran comprometidas en el sentido de nuestro amor y que no expresaran nunca otra cosa que este amor, pero resulta que las palabras derivan, se desvían y quieren siempre decir otra cosa. Entregamos nuestros trabajos escolares para que no nos castiguen, pero hemos hecho el pacto de no crear nada importante o sincero a menos que sea para un rey. Un rey que predicará la etiqueta, los usos y la magnificencia. Bajo su protección, seremos las poetas del patio, y nos invitará a su mesa real con los demás comensales. No sé dónde encontrar a ese rey, Mía, pero te prometo que rebuscaré entre tierras y zarzas y que, cuando lo encuentre, le obligaré a acogernos como a humildes servidores.

Mía, Mía, Mía, mi princesa, mi ferviente amiga, oyes Mía, maúllo cuando te llamo, Míaaaaaau, escucha como maúllo, soy una gata en celo, sin ti siento el vacío sideral, tengo roto el miocardio y la sequía en el Sahel, tengo grandes sollozos en una nausea de lágrimas, separada de ti estoy completamente desamparada, mira, mira y apiádate, apiádate, apiádate de mi destino de perdición, *pronto voy a alojarme en tu pulmón derecho como ese nenúfar, seré el nenúfar que te pondrá mala, seré tu flor devoradora, tu invasión existencialista, sí te mataré para que las dos seamos responsables de mi desgracia, tú por haber muerto y yo por haberte matado.*

Uno tiene que saber provocar su propia desgracia, porque solo queremos la desgracia cometida por los demás, y a la edad en la que se producen todos los cambios tenemos que tomar cartas en el asunto. Estamos en la infancia del arte, estamos en la edad de las prescripciones, de las órdenes y de las sanciones, y enseguida nos toca decidir nuestra desgracia, pues más tarde, ser desgraciado pasará desapercibido. ¡Mía! Pero Mía no responde nada, Mía ni la mira y continua con sus saltos de gimnasia, dicen que la niña habla siempre sola, y me pregunto por dónde ha podido rodar su ojo.

A menudo yo perdía trozos. O niños enteros. Acababan en la bolsa del aspirador. También había animales. Mis figuritas preferidas. Las colocaba a parte. Dos cerdos, un caballo, cinco gallinas y un gallo, una vaca y su ternero, y sobre todo un carnero con su corderito que, colgado de las ubres de su madre, bebía eternamente. Las gallinas estaban pegadas en una pequeña plataforma que representaba un cuadrado de hierba. Si no, no se hubieran mantenido de pie. *De esta manera,* yo pensaba, *pueden pasearse por cualquier sitio, el suelo les será familiar.*

Al fondo del patio he colocado a los jefecillos, agrupados, de pie, son varios, siempre han estado juntos, pero no sé de dónde vienen. Tienen la manía de mirarnos de una manera extraña, a nosotras las madres, se diría que nos miran con su mandíbula, se diría que van a mordernos y, por alguna razón que se nos escapa, nosotras, las madres, solo queremos agradarles. Por el momento, se burlan de esa señora muy tiesa que viene a menudo a la hora del recreo, dicen que observa a los jefecillos, después a su hijo, separado, mientras se ata el cordón, y después otra vez a los jefecillos, *pssss chicos ladronzuelos canallas pssss por aquí me preguntaba me he dicho a mí misma y he venido me preguntaba cómo no ha sabido seduciros me preguntaba le he comprado ropa como la vuestra he observado vuestro pelo para que el suyo sea parecido he hecho todo lo posible para que sea igual a vosotros cómo no ha sabido seduciros le he preparado, instruido, he hecho algunas recomendaciones ya habíamos aprendido por las malas y en vuestra compañía desde hace cinco años, Dios mío cinco años ya desde que empezaron las primeras clases, habíamos estudiado y aprendido vuestros hábitos y costumbres, y le he recordado, antes de dejarle marchar, algunas de vuestras extrañas reglas, vuestro carácter despiadado y vuestras misteriosas alianzas, sabíamos desde entonces que hay que dejaros actuar, no desvelar inmediatamente su buena voluntad, no desvelar nada ni demasiado original ni demasiado inofensivo, teníamos la esperanza de que después del verano vendría una especie de renacimiento, que los niños renacerían lavados por las vacaciones, y que con ellos se lavarían los rencores, los chismorreos, las calumnias, y que sería posible que apareciésemos ante vosotros con una nueva luz, era nuestra única esperanza, sí este año sería diferente, era preciso pero con qué indolencia le habéis negado vuestra amistad, aún una vez más le habéis puesto de rodillas me lo ha contado habéis vaciado el contenido de una papelera en su cabeza le habéis obligado a comer una mosca muerta le habéis amenazado con clavar un compás en sus ojos habéis robado sus zapatos habéis ensuciado su casillero con mierda pero ¿qué queréis? ¿No os basta vuestra juventud? He venido a suplicaros que queráis a mi hijo y que no le destruyáis no quiero que muera por vosotros no quiero que expíe vuestros pecados no quiero que sea vuestro redentor coged a otro, y yo os daré lo que queráis a cambio de vuestro amor por mi hijo, que no esté solo, asustado, que no sea un extraño para vosotros, que tampoco sea devorado, decapitado, destrozado, echado a la basura, es tímido y torpe, lo admito, es pálido y un poco estirado es verdad, normal que sueñe con estar con vosotros los chicos ladronzuelos canallas, normal que rece para formar parte de vuestra hermandad sanguinaria, para ser temido, claro, ha comprendido que para ser poderoso hay que ser temido, miradle se ata el cordón, el pobre, interminablemente, no acaba de atarse el cordón para que el tiempo pase, para que el recreo termine, mientras esté ocupado con su cordón no tendrá tiempo para no divertirse con vosotros, ni para esperar vuestra amistad, ni tampoco para ser excluido de vuestras connivencias, no tendrá tiempo para soportar vuestras burlas.*

Un cuchillo, un cuchillito para las bodas de sangre, tendré un cuchillito para vuestras bodas, niños. Un cuchillito para que corran torrentes de sangre. Quién ha escrito eso, un cuchillito, bodas de sangre, ya no sé, veis en qué estado me encuentro, veis en qué estado me ponéis ya no sé nada chicos pssss chicos ladronzuelos canallas pssss por aquí me preguntaba me he dicho entonces he venido me preguntaba podríamos arreglárnoslas para encontrar un arreglo un arreglo me preguntaba quedemos vosotros y yo en la negra noche llevaré un vestido negro me habré perfumado me tumbaré donde queráis para vosotros chicos seré una perra entre lobos estaré dócil disponible acogedora hospitalaria me abriré a vuestras inquietudes curiosas podréis darme vueltas explorar todas las posibilidades qué me decís conozco vuestro tendencia a la perversión a la bestialidad a la conquista a la depredación sabré estar a la

altura mis chicos guapos mis ladronzuelos mis canallas a cambio
solo tendréis que acoger a mi hijo y hacer de él un ladronzuelo un
canalla como vosotros y entonces dará su beneplácito yo seré vues-
tra mujer cautiva tendré una mirada sonriente si lo deseáis una
mirada suplicante una mirada golosa una mirada cariñosa o píca-
ra, como queráis meteréis vuestros dedos en mis heridas y diré qué
anhelo qué deseo qué ardor estampareis el sello de vuestro poder
sobre mí y en muchas ocasiones sí seréis hombres os prometo que
seréis hombres vosotros chicos qué decís de este arreglo me pregun-
taba. Después la acuesto. Desmayada. Así. Sí, dicen que
se había desmayado.

Él es el más pequeño. El más pequeño de todos los
niños. No hay que perderlo. Dicen que sangra por la
nariz llamando a su madre. La cuidadora está inclinada
sobre él e intenta comprender lo que quiere. La petición
es sin embargo sencilla, sin ambigüedad; sin la sombra
de una duda quiere a su madre, obstinadamente quiere a
su madre, inmediatamente quiere a su madre pero qué
quiere de ella, precisamente, me gustaría tanto saberlo,
además quiere algo de su madre, otra cosa además de a
su madre, o quiere simplemente poder ver a su madre,
incluso a lo lejos, estaría satisfecho con tener la mirada
de su madre posada sobre él y sus ojos sencillamente, y
si sí, qué mirada, qué clase de mirada, una mirada indul-
gente, seductora, tierna, interesada, o una mirada ausen-
te le bastaría, o quiere a su padre para que le coja en
brazos, quiere ser levantado, alzado, llevado, calentado,
abrazado, qué quiere de su madre, quiero a mamá, y
cuando dice que la quiere, la quiere mucho tiempo, o
una breve aparición sería suficiente para contentarle, en

el fondo no quiere ver a su madre más que un pequeño instante para asegurarse de que existe, que no ha envejecido de repente, quiere de hecho *saber de* su madre, o bien desea a su madre para que la escuela se termine, quiere a su madre como se desea oír el timbre que anuncia el final de las clases, dicho de otro modo quiere a su madre para empezar un nuevo episodio en su jornada, *quiero a mi mamá*, y después, a quién se dirige exactamente, a quién le reclama la presencia de su madre, a mí no, no me incumbe, a nadie, de hecho nadie le escucha, a la fuerza, no es más que música ahora, *quiero a mi mamá*, llora mucho, pero los niños lloran tan fácilmente, siempre con lágrimas en los ojos, no hay que emocionarse mucho cuando un niño llora, me lo repito con frecuencia, un día el niño ya no será niño, su madre habrá muerto hace tiempo, y sin embargo la seguirá reclamando, contra todo pronóstico, como los soldados en el frente también llaman a su madre, los heridos y los moribundos llaman a su madre, es algo conocido, ahí está Jesús, en su cruz, que tuvo la descabellada idea de llamar a su padre, pero no sabe que los padres son impotentes ante el dolor, no sabe que solo una madre puede acunar las heridas sangrientas, que solo una madre puede poner fin a los calvarios, habría que decírselo, a Jesús, explicarle que los padres no saben cómo salvar, *deja de llorar tu madre vendrá luego, pero no, no lo han hecho adrede, eso forma parte del juego, y si no, no hay que jugar, tú tienes que ver, no inclines la cabeza así vas a tragar sangre, así aprieta la nariz, eso es, quieres ir a beber agua, tienes razón quédate sentado, irás más tarde, mantén la cabeza derecha, así eso es, tienes que madurar un poco, es así, estabas en un sitio inadecuado, no estabas bien situado entiendes, así es siempre, en la natura-*

leza también, en los bosques, en el campo, es así, los animales se colocan, las cosas se colocan, imitamos a la naturaleza, es sabio imitar a la naturaleza, ves, los lápices colocados en su estuche, ordenados, los pinceles en sus cubiletes, las botas mojadas, los objetos perdidos, ordenados, los abrigos en los casilleros, ordenados, los niños en las filas, ordenados, distribuidos en sus clases, niños desbordados, que acepten la carga de libros y cuadernos en su espalda, que se coloquen en la silla correcta, ordenados, los caballos, por color, por vestido, no se les ha enseñado nada, se colocan ellos mismos, en el campo, donde todo está mezclado, la sombra, el sol, el agua, la hierba fresca, los caballos se muerden para entenderse, entender el orden de las cosas, el organigrama, los caballos andaluces permanecen con los andaluces, por su ligereza, su fuerza, su prestancia y su similitud, los otros caballos no son bienvenidos, y ¿sabes por qué? porque los andaluces no quieren hacerse notar entre las fieras, entonces ningún caballo debe desentonar, comprendes, si no podrían atraer la atención de la fiera, pues saben que la fiera puede surgir de cualquier sitio e incluso de otra época, de la época en la que los caballos eran devorados por las fieras, de la época en la que los caballos salvajes sufrían el mismo destino que los antílopes y las gacelas, por eso hay que encontrar a tus semejantes, para que no atraigas la atención de la fiera, y hay que obedecer, los caballos también lo saben, los caballos saben que más vale aguantar un poco el dogal, la silla, el enganche, al jinete; caballos desbocados, calmarlos de su salvajismo original, desembarazarlos de la fogosidad y del pesado deseo como de una piel abrasada, pero no, no es una cincha, es una correa, más suave, más permisiva, no es un recinto es un tiovivo, lleno de alegría, pronto los caballos como los niños estarán felices por hacernos felices, han nacido con la necesidad de ser llevados, no hay que tener miedo ni de los caballos ni de los niños, son presas, de todos los peligros, les salvamos de su destino de presa, les damos todos los cuidados sin pedir nada a cambio, *apenas una pequeña tarea cotidiana, obedecer es tan fácil, a fin de cuentas, a fin de cuentas, a fin de cuentas, cogerán todo y partirán con un trote ligero, regular, dócil.* Después se comenta que la cuidadora no sabe qué decir y se va. El niño ya no sangra por la nariz, pero sigue reclamando a su madre. Dicen que iba a llegar más tarde.

Hay uno que ríe de una manera extraña. Ese niño siempre está pegándose, madre mía cómo se ensañan con él, esta vez dicen que había hecho algo muy grave, no sé lo que ha podido hacer pero parece grave, ríe, con nerviosismo sin duda, la cuidadora está enfadada, no deja de repetir *pide perdón say you're sorry,* es una risa sin alegría, una risa retorcida, *pide perdón say you're sorry, aún mejor, pídelo de verdad, say il like you mean it, no te creo, no te creo, I don't believe you,* una risa sardónica esa es la palabra una risa de malo *deja de reír pide perdón say you're sorry, ¿qué? habla más alto, I didn't hear, no te rías no tiene gracia para de reír stop laughing, no hay nada divertido para de reír there nothing to laugh about, ¿por qué has hecho eso? ¿por qué? why?* se ríe enseñando como ríe, parece decir mirad como río, mirad como todo es risible, todo es absurdo todo es irrisorio todo es grotesco entonces me río, *¿te parece gracioso? ¿te divierte? You think it's funny? ¿Te gustaría que te hicieran lo mismo a ti? ¿Quieres que te hagan lo mismo? ¿Do you? ¿No dices nada? No dices nada, of course not, claro que no, por qué te ríes, qué te hace tanta gracia, what's so funny, discúlpate, debes pedir perdón, apologize, y quiero creerte, déjame creerte, anda déjame creerte, quiero sentir tu remordimiento comerte por dentro como un gusano, quiero que el arrepentimiento te haga doblar la espalda, quiero que conozcas tu falta y que sufras por ello*

amargamente, que busques desesperadamente el medio de compen-
sarlo hasta perder el sueño, que tu conciencia se altere hasta la de-
sazón, que la vergüenza te invada, para que nunca más vuelvas a
hacerlo, ¿vas a pedir perdón? Bueno, ya está bien, good, ¿crees que
basta con pedir perdón? ¿Crees que todo se arregla pidiendo sim-
plemente perdón? Sería demasiado fácil, sería demasiado sencillo,
too easy, ¿entiendes que no se puede hacer eso? ¿Lo entiendes? Do
you understand? ¿Puedo contar contigo? ¿Vas a volver a empe-
zar? Will you be good now? ¿Sí o no? ¿Sí o no? Yes or no? Ah
ya no te ríes, ya no te ríes, you dont't laugh anymore, no llores, no
sirve de nada llorar, no llores, deja de llorar, stop crying and apo-
logize, discúlpate, pide perdón, say you're sorry. El niño está casi roto, si esto continúa un día voy a terminar por
romperlo.

Yo rompía con frecuencia las figuritas de mi pueblo.
Esparcía sus partes por el suelo de la cocina. Miraba la
amplitud de la catástrofe. No podía dejar de inventar
una desgracia, una maldición, un diluvio, algo que pu-
siera en peligro el mundo que yo había organizado tan
bien. Para aterrorizar a mi pueblo, elegí un pájaro gigan-
te. Este pájaro era una figurita mayor que las demás
porque procedía de otro juego. Era una pieza trasferida,
un excluido. Alcanzaba la altura de tres figuritas del
pueblo. Resultaba monstruoso en cuanto estaba colocado junto a las otras figuritas, pero cuando lo colocaba
separado, solo parecía un pájaro. Cuando todo el mundo dormía, dicen que el pájaro de la desgracia descendía
sobre el pueblo. Se vengaba. Dicen que el pájaro des-
truyó el campanario de la iglesia, robó la colecta del tri-
go, se llevó a un bebé y lo devoró empezando por los

ojos. Esto es lo que me inventaba con toda impunidad, sorprendida de que ni el tiempo ni los acontecimientos tuvieran consecuencias sobre el verdadero destino de mis figuritas de plástico que, al final, estarían colocadas en su caja, en la estantería de juguetes, en la sala de juegos. Sí, mis figuritas no morirían: solo sabían dormir para renacer y renacer, mientras yo lo quisiera así.

El balón pasa por encima de la valla, bota varias veces, y rueda hacia un hombre que camina por la acera, el balón golpea el tobillo del hombre, el hombre salta, después recoge el balón sin saber de dónde viene, no oye a los niños que le llaman, lleva puestos unos auriculares, busca con la mirada de dónde puede venir el balón y al final ve a los chicos contra la valla, que piden el balón a gritos y que el hombre no oye, *¡Señor! ¡Aquí! ¡Aquí! ¡Por aquí! ¡Señor! ¡Por favor, aquí!* los chicos saltan, trepan, suplican, levantan y agitan los brazos para mostrar que están listos para recibir el balón, cada uno se señala a sí mismo con el dedo *¡Yo! ¡Yo! ¡Yo, señor!* Algunos se levantan trepando en la débil valla y enseguida se les advierte para que bajen inmediatamente, otros al contrario se alejan de la valla y animan al hombre para que tire el balón en su dirección, *¡Por aquí!* y el hombre no sabe dónde debe tirar el balón, ni a quién, todos parecen necesitarlo con tanta fuerza, hay que dar el balón a uno de ellos, a quién elegir, a quién contentar, quién es el que más lo merece, el hombre se pone nervioso, no le gusta el poder del que retiene el balón, quiere desembarazarse de él lo más rápidamente posible pero está petrificado de indecisión, ve a un niño sangrar por la nariz, los juegos con los balones son peligrosos, ve a una mujer exhausta, ve a una niña dar una voltereta, ve a una cuidadora enfadada, y pájaros volando, después, frente al estupor y a la indignación de los chicos, el hombre deposita el balón en el suelo, retoma su camino, y el balón permanece en la acera, inútil y redondo, *¡Señor! ¡El balón! ¡Es nuestro balón!* La campana suena, los niños deben volver a clase. El hombre está preparado, desde hace tiempo deambula como el pájaro de la desgracia alrededor del pueblo, espera el momento adecuado, espera que los niños hayan vuelto todos a clase por la puerta de atrás que da al patio de recreo para entrar a su vez por la puerta principal que lleva a la secretaría. Hago entrar al asesino, dicen que entra. El asesino está ahí pero no le veremos, no le veremos disparar a la secretaria, después al director, después continuar hacia la escalera principal y seguir disparando, no oiremos los chillidos ni los cuerpos cayendo pesados por la escalera, solo imaginaremos, imaginaremos con frecuencia y durante mucho tiempo después, imaginaremos cuando el asesino se vuelve y dispara varias veces al profesor de inglés, después a la enfermera, después a la ortopedagoga, y a los niños, imaginaremos los ruidos del último aliento, suspiros y quejidos, cristales que estallan, sirenas de policía, gemidos y agonía, lloros y súplicas, llamadas de socorro y nombres articulados como plegarias, imaginaremos el carmín en el cabello rubio de la niña rubia, los agujeros en los vestidos y en los algodones acolchados, imaginaremos con todas nuestras fuerzas lo inimaginable, los pensamientos del asesino loco, pero qué quiere qué quieres qué quieres qué quieres, qué ocurre en la cabeza del asesino, te dices que toda la vida te pertenece todo lo que existe es tuyo te dices que es tuya la ciudad tuyas las casas tuyo el metro los escaparates los semáforos las campanas las estatuas de bronce tuyas las autopistas los coches tuyos el cielo las constelaciones tuyas el sol tuyo los lagos los ciervos los terrenos de golf los desiertos son tuyos te dices que solo quieres coger lo que quieres para ti las guitarras eléctricas para ti los fusiles de caza para ti el wiski los caramelos los cementerios para ti lo que no quieren que toques las piscinas los alrededores las tablas de surf los océanos los cangrejos los monumentos puedes romper la lámpara del salón puedes robar el tenedor a tu hermano y clavárselo en la garganta puedes hacer que las palomas se callen y encender fuegos puedes arrancar los brazos a las muñecas a las princesas, a las niñas, para ti sus culos para ti sus pechos, puedes coger a todas comerlas retorcerlas, puedes plegarlas en dos romperles la columna puedes orinar en sus ojos si quieres son tuyas, los demás son tuyos, puedes lanzar rocas a los gatos a los niños, te dices que lo puedes todo solo tienes que pensarlo lo puedes todo a condición de pensar en ello puedes desangrar a un cerdo a una oveja explotar la cara de tus enemigos ellos también son tuyos, sobre todo ellos, todo es mío pero no lo sabías, y dicen que el asesino mira como los niños corren hacia todos los lados, *no os paréis*, dice el asesino, *corred, corred, no os dirigís hacia el abismo, es el abismo el que os acecha, corred, corred*, y de repente el asesino gira el arma contra sí mismo, *qué desastre qué horror lo que acabo de hacer*, y el asesino dispara una última vez, en su boca, hacia el origen del mal.

Tercera parte

He matado al asesino, dicen que estaba muerto, después la campana ha tocado el final del recreo, he dejado rodar el balón, he ido a secretaría, he cogido a mi hija con una mano, con la otra su mochila, me ha parecido muy pesada, y después hemos andado hasta el coche, y me ha preguntado por qué había aparcado tan lejos, y he contestado porque hace bueno, y me ha dicho que sentía mucho haberme molestado, que mañana intentaría que no le doliera la tripa, no he sabido responderle nada, el sol era cegador, hacía tanto calor, he pensado que septiembre se cree julio, deberíamos preocuparnos, yo no le respondía y sin embargo ella esperaba alguna respuesta, y me he preguntado por qué no la oía bien, he vuelto a escuchar pero seguía sin oírla, estaba fascinada por la forma de su boca, de sus ojos, por su mirada, sobre todo, girada hacia el interior, hacia las palabras que ella buscaba en el desorden de su cabeza para hablarme, para que la escuche, y me he dicho qué extraño escuchar a mi hija hablar sin oírla verdaderamente, y parece no verme cuando me mira, pero qué ve, no sé nada de lo que ve en el momento en que me habla, estaría siempre sin saber qué imágenes aparecen cuando mi hija me habla, imágenes extrañas y frases extrañas en un cuerpo extraño, estábamos allí, ella y yo, alejadas la una de la otra, terriblemente alejadas, ella sin verme y yo sin oírla, y he sentido ganas de preguntarle lo que veía cuando pronunciaba la palabra *mamá* , por ejemplo, esperaba que viera un rostro dulce, un color tranquilizador, algo personal, pero no me he atrevido a preguntarle, miraba a esta niña que era la mía y me acordé con precisión del peso de su cabeza, cuando era bebé, cuando su cabeza se iba hacia donde su peso la llevaba, esa cabeza que tenía que sostener constantemente, *lo siento mamá,* esta vez he sentido que me rogaba que la contestara, tenía que contestar algo, tenía que salvarla, entonces le he contestado que no importaba, le he repetido que no importaba, recordando que la medida de la gravedad es su manera de considerar el mundo y que, desde pequeña me pide siempre decidir por ella sobre lo que importa o no, *no importa cariño,* y hemos llegado al coche y no he dicho nada más hasta llegar a casa.

Epílogo

Es la hora de ordenar. Cojo una última figurita, es ella.

Oh hija mía cómo te quiero, oh mamá yo también te quiero y gracias por haber venido a buscarme a la escuela me dolía de verdad la tripa. Oh hija mía verás a partir de ahora te dedicaré todo mi tiempo toda mi atención te haré hacer ejercicios de flexibilidad y de dicción te entrenaré en la natación te enseñaré música te daré libros para leer los clásicos rusos y franceses cuidaré de tu piel para que esté siempre hidratada cepillaré tu pelo todos los días durante horas tu cuerpo perfecto no conocerá nunca el hambre ni el frío ni la quemadura ni los piojos ni una mala tos.

Serás sencillamente perfecta, adorable y adorada. Tendrás hermanos y hermanas que adorarás con toda tu alma, y tendréis niños, niños que tendrán niños, y así, dos, cinco, doce niños, dependerá de la época y dependerá de ellos, tendréis niños hacinados que perderéis de vista regularmente, volveréis a contarlos por la noche y de viaje, tendréis niños que se colgarán de vuestros cuellos, como maletas pesadas en vuestra conciencia, tendréis niños a los que les dolerá la tripa, aprenderán a andar y también otras hazañas como los colores primarios y las identidades destacados, tendrán gusto y una visión nocturna, pensarán que vuestros brazos son ramas y treparán para buscaros piojos y para gritar su ira en vuestros oídos, tendréis niños, les cortaréis las uñas, mirarán vuestros defectos de reojo, no se fiarán más que de ellos mismos y de sus cuatro voluntades, a veces se enamorarán, se desmayarán y palidecerán, a veces se caerán de las nubes, estarán fuera de tiempo y de lugar, querrán un tractor, querrán el unicornio, fabricarán papel maché y mandalas, tendrán obligaciones pero pasarán, hablarán con la boca llena de delicias que les habréis preparado, tendréis niños que tendrán amigos de infancia, jugarán a veces a juegos antiguos como el salto de la rana, imitarán a los chinos y a los cantantes de ópera, les haréis una foto digital desde todos los ángulos, harán espectáculos y darán conciertos, visitarán un zoo y una reserva amerindia, llorarán por el destino de las víctimas y de las especies desaparecidas, y morderán la mano que les alimenta, con todos sus dientes, tendrán mal carácter, dirán quiero adoptar una ballena, les preguntaréis por qué tanto odio, abróchate el abrigo, querrán cambiar de nombre, de escuela, de país, de esqueleto, de padres, desearéis que crezcan más deprisa, después pagaréis para volver atrás, pasaréis años escapando de vuestros hijos, y a la vez intentando cogerlos, correrán a su perdición y hacia espacios enormes, tendréis niños salvajes, niños reyes, hijos de perra, hijos de guardia, os dibujarán mancos, despeinados, con el corazón a la izquierda con un rotulador morado, tendréis niños, y una noche de invierno volverán tarde, pensaréis que se han ahogado en la nieve, o han sido aplastados por la quitanieves, les llamaréis como locos, perdidos, desamparados, suplicantes, y de repente confiados, después surgirán del frío, temblorosos, calados, satisfechos, y por fin, convencidos por fin de vuestro profundo amor hacia ellos porque os habrán visto temer lo peor, sentirán un poco de piedad hacia vosotros, tan viejos ya, se caerán de sueño, con la mano en el pijama, o bien los brazos separados, como crucificados, y hablaréis de ellos hasta muy entrada la noche, de cómo son particularmente particulares, de cómo han escapado de la quitanieves y de tantos otros peligros, los niños, y de cómo pasa el tiempo y que no hay nada seguro y que la vida es una aventura, y todas esas cosas que os diréis a vosotros mismos por la noche cuando tengáis niños.

Abrazo la figurita, *buenas noches,* dicen que se iba a dormir, *que tengas dulces sueños,* me mira, *yo también te quiero,* y la coloco en su bonita caja.

Septembre, obra escrita e interpretada por Evelyne de la Chenelière, puesta en escena por Daniel Brière. Espace Libre (Montreal), 2015. (Foto: Marlène Gélineau Payette)

ÍNDICE

PUBLICACIONES DE LA ASOCIACIÓN DE DIRECTORES DE ESCENA

www.adeteatro.com

Últimos títulos publicados

Serie: «Literatura dramática»

Nº 119 TEXTOS RADIOFÓNICOS
de Marie-Claire Blais
Edición de Yasmin Sidi Hristova

Nº 120 "MI PADRE, UN KULAK SOCIALISTA"
de Tone Partljič
Edición y traducción de Santiago Martín

Nº 121 "LA DISPUTA"
de Pierre C. C. de Marivaux
Edición y traducción de Claudia Pena y Lydia Vázquez

Serie: «Literatura dramática iberoamericana»

Nº 79 "¡CÓMICOS!" y "¡MÁQUINAS!"
de Álvaro Orriols
Edición de Antonio Espejo Trenas

Nº 80 "LA ODISEA SEGÚN MARCO MANICIO"
de Agustín Iglesias

Nº 81 "AMBIENTE FAMILIAR (MÍNIMO 2 NOCHES)"
de Aitana Galán y Jesús Gómez Gutiérrez

Nº 82 "LOS AMANTES SARNOSOS"
de Agustín Iglesias

Serie: «Premios Lope de Vega»

Nº 22 "LA FELICIDAD DE LA PIEDRA", de Alberto Miralles
"LOS BRUJOS DE ZUGARRAMURDI", de Fernando Doménech
Edición de José Gabriel López-Antuñano

Nº 23 "PICOSPARDO'S", de Javier García-Mauriño
"NO FALTÉIS ESTA NOCHE", de Santiago Martín Bermúdez
Edición de Julio Checa Puerta

Nº 24 "EN EL HOYO DE LAS AGUJAS", de José Luis Miranda
"RECREO", de Manuel Veiga
Edición de Salomé Aguiar

Serie: «Premios de teatro Rafael Dieste»

Nº 10 "FOOTING" / "FOOTING",
de Gustavo Pernas. (Edición bilingüe galego-castellano)
Edición de Manuel Forcadela. Traducción del autor.

Nº 11 "MATANZA" / "MATANZA",
de Roberto Salgueiro. (Edición bilingüe galego-castellano)
Edición de Roberto Pascual. Traducción del autor.

Nº 12 "A CIENCIA DOS ANXOS" / "LA CIENCIA DE LOS
ÁNGELES"
de Imma Antònio. (Edición bilingüe galego-castellano)
Estudio preliminar de Manuel F. Vieites. Traducción de la autora.

Nº 13 "FINAL DE PELÍCULA" / "FINAL DE PELÍCULA",
de Gustavo Pernas. (Edición bilingüe galego-castellano)
Edición de Manuel Forcadela. Traducción del autor.

Serie: «Debate»

Nº 26 "EL TEATRO VACÍO. MANUAL DE POLÍTICA
TEATRAL"
de Manuel F. Vieites

Nº 27 "MÚSICA EN ESCENA"
de Tomás Marco

Nº 28 "ACCIONES CONCOMITANTES.
UN MÉTODO PARA LA ACTUACIÓN TEATRAL"
de Jarosław Bielski

Nº 29 "MARIUS PETIPA. DEL BALLET ROMÁNTICO AL
CLÁSICO"
Edición de Laura Hormigón

Nº 30 "UN CAMINO PARA LA INTERPRETACIÓN
ACTORAL"
de Juan Pastor Millet

Nº 31 "CAVILACIONES TEATRALES"
de Pedro Álvarez-Ossorio

Nº 32 "LA ESCALERA EN EL TEATRO"
de Javier Navarro de Zuvillaga

Nº 33 "LA MIRADA CREADORA ANTE LA
ESCENIFICACIÓN"
Edición de Jara Martínez Valderas, Marga del Hoyo Ventura y José
Manuel Teira Alcaraz

Nº 34 "20 DIRECTORES ROMPEDORES DE LA EUROPA
DEL ESTE"
Edición de Kalina Stefanova y Marvin Carlson
Traducción de Manuel F. Vieites

123

Serie: «Laberinto de Fortuna»

Nº 2 "UN OTOÑO EN VENECIA"
de Juan Antonio Hormigón
Prólogo de René Andioc

Nº 3 "LA MIMÓGRAFA"
de N. E. Rétif de la Bretonne
Edición de Lydia Vázquez

Nº 4 "POESÍA ROMÁNTICA INGLESA.
ANTOLOGÍA BILINGÜE"
Edición de Antonio Ballesteros González

Nº 5 "EL PORNÓGRAFO"
de N. E. Rétif de la Bretonne
Edición de Lydia Vázquez. (Edición digital)

Nº 6 "PERROS Y GATOS DEL ROCOCÓ"
de Lydia Vázquez y Juan Ibeas

Nº 7 "LA ACTRIZ"
de Antonio Piazza

Nº 8 "DOS LUCES EN LA ESPESURA"
de Juan Antonio Hormigón

Nº 9 "MI GRAN CARTA"
del Marqués de Sade
Edición de Lydia Vázquez. (Edición bilingüe)

Nº 10 "ESAS MUJERES DE MAYO DEL 68"
de Lydia Vázquez, Nadia Brouardelle,
Juan Manuel Ibeas y Beatriz Onandía